フカキヨの
人生はいつも進め！の春

必要なのは
教科書じゃない！
許可証だ

ドリーム・ファシリテーター
深尾 浄量《きよとも》

まえがき　本当に必要なのは「教科書」でしょうか？

世の中にはたくさんの「教科書」が出回っています。

「料理」「ＤＩＹ」「ビジネス」「話し方」「片づけ」「ダイエット」「生き方」等々。

インターネット、ＳＮＳでキーワード検索をすれば、教科書を探さなくとも、たくさんのテクニックをわかりやすく手ほどきしてくれる動画や写真など、いくらでも出てきます。

なんだって教えてくれます！

おかげで、専門業者にお願いすれば、何万円もかかることでさえ、自分で、数千円ほどで済ませることだってできます。


以前、こんなことを聞いたことがありました。

「子育てについて、わからなくて、悩んでいます。でも、子育てについての講演会や、セミナーに参加したりできないです。ましてや、本を買いになんて行けないです」

一見、矛盾した話にも聞こえますが、その方は、その理由を、こう言われたのです。

「子育ての講演会やセミナーに出るってことは、あの人、子育てについて困っていると か、うまくできてないんじゃないかって見られませんか？　それに、本屋で子育てに関わる本を買っていたら、子育てができなくて困っていると思われるんじゃないかと不安なんです・・・・」

同じようなことを心配されている方にとっては、どこにも行くことなく、家で、人知れず、こっそりと学ぶことができるインターネットやＳＮＳは最高の教科書であり、先生なのです。

先日、70歳を越えた僕の父も、

「動画をダウンロードする方法！」

なんて、スマートフォンに向かって、話しかけていました。今や、誰の隣にも、わからないことは即座に、質問できて、答えてくれる先生が同席しているのです。

さらに言うなら、無数の、参考書や教科書と呼ばれるものをすぐに引き出して、読みあさることができるのです。

ちょっと前なら、たくさんの知識を詰め込みました。テスト前、入試前、入社試験に、資格試験、面接に、実技試験等々、みなさんも経験がおありでしょう。あんなに一所懸命覚えたのに、今では覚えたということすら忘れていませんか？

今は、そんな必要がなくなってきました。必死に暗記するよりも、必要な時に、スマートフォンに話しかけ、目の前に引き出し、開けばいいのです。

ついに、スマートフォンの持ち込みを許可した試験も登場してきました。暗記ではなく、それらをいかに使いこなし、活用していくか、そういうことを求められるようになってきたのです。

それほどまでに手軽に、便利になった分、知識や方法、テクニック（技術）というものが先行したり、一人歩きすることも多くなってしまいました。

先ほどの子育てで言うなら、

「3歳までに習い事は始めるといい」

「毎日〇〇を聞かせると、情緒豊かな子になる」

などと、「良い」と言われる知識や方法といったものです。たくさんやってくる、それらに振り回されます。やらないと不安になるから、とにかく手に入れた情報をアレヤコレヤ必死にやろうとしていくのです。

子育てに代表されるように、日常生活の中でもたくさん手にしていきます。わからなければ、スマートフォンに向かって話しかけたり、パソコンに入力して検索していきます。

手軽さのおかげで、誰もがより良くなろうとします。自分で調べて、手にして、より素晴らしい、なんでもできる自分になろうと求めていきます。しかも、たやすく手に入るために、それらは加速の一途をたどっています。


あれほど、学生時代は「教科書」を嫌っていたのに、今は、何から何まで、「教科書」に頼り、肌身離さず持ち歩いています。それこそ地図帳も、お店を見つける雑誌まで、何でもかんでも、スマートフォンという名の、太くなることもなく、どんどん厚みを増すスマートな「教科書」にすがっています。

今の日本では、誰もが義務教育をもれなく受けることができます。そして、「教科書」を使い、知識やテクニックを身につける方法を体に染み込ませています。

その意味では、学校を卒業した今も「教科書」という形は変化こそすれ、「教科書」を必死に握りしめて生きることに変わることはありません。それが土台になっているのです。そして、今も、その自分自身の土台を育てているのかも知れません。

だけど、本当に必要なのは「教科書」なのでしょうか？

ひょっとして、今も、「教科書」を手にすることによって、大事なものを手にできずにいるのではないでしょうか？

それなのに、その大切なものを手にできないがために、次から次に「教科書」を探すというおかしな世界に迷い込んでいるのではないでしょうか？

「あなたに必要なのは、教科書じゃない！　許可証だ！」

この本のサブタイトルを見て、この本を手にしてくれたあなたは、そのおかしな世界から脱出する出口を、光を、探していたのではないでしょうか。

僕は今、自分の永年の思いを伝えるという志を抱き、多くの人に「本来の幸せで素晴らしいワタシ」に再会してもらうため、講演という形で活動をしています。学校はもちろん、会社や、広く社会一般の方々にも僕の思いを伝えることによって、今も「教育」というものに関わり続けています。

目次

第2章 「許可」は得るものではなく出すもの

第1章

「許す」ことを「許されなくなった」世界

1 「素晴らしいワタシ」を開く鍵

本来のあなたは幸せで、素晴らしい！

僕は「元」教育者です。20年間、中学校の教員をしていました。当時も、そして退職してからも、伝える根源は変わっていません。それは、

「本来のあなたは幸せで、素晴らしい！」

ということです。


教員時代から、このことをたくさんの人に伝える必要性を感じていました。なぜなら、子供も大人も自分の素晴らしさを認められず、本来とは違う偽物の自分になって、その偽物の自分を必死に生きていたからです。

学校で生徒に、それぞれが持つ可能性や素晴らしさを伝える話をするだけで、子供たちは、満面の笑みを浮かべて、

「私って、すごいよね！　私って素晴らしイィ！」

と、嬉しそうに目をキラキラさせて、いろんなことに取り組みます。

ところが、こうした状態は、早くて1日、長くて3日もすれば打ち砕かれます。

「先生……、『あんたなんかが素晴らしいわけがない、すごくなんてないんだから、もっと頑張って勉強しなさい』って親に言われたんです」

そう悲しそうに、生徒は語ります。

断っておきますが、親は子供を傷つけるために言っているのではありません。子供たちに少しでも良くなってほしい、より成長してほしいと願うから言ったのです。

ただ、そもそもの立ち位置が違うのです。

僕は、誰もが素晴らしい存在だと信じています。だから、僕は子供たちに、

「素晴らしい存在だからこそ自信を持って、いろんなことにチャレンジしてごらん。あなたはどんなことだってできる可能性の塊なんだ」

と話します。

親の多くは、まだまだ、子供であるこの子が少しでも成長して、社会に出て、生きていけるように素晴らしくなってほしい。だから、頑張るように話します。

ここに大きな違いがあります。

そもそも素晴らしいから、その素晴らしさを発揮し、あなたの力を発揮していこうという僕の立ち位置と、まだまだ足りないことがいっぱいあるから、素晴らしくなるために成長するんだという立ち位置という違いです。

もう一度断っておきますが、親が悪いのではありません。なぜなら、そうして子供を育てようとしている親もまた、子供の頃、同じように、足りないことがいっぱいあるから、素晴らしくなるために成長しなさい、と親に言われて育ってきたからです。

だから、親もまた子供と一緒に、素晴らしい親になろう、素晴らしい大人に成長していこうと頑張っているのです。

僕は講演で、もうすでにあなたは素晴らしい存在だから、その素晴らしいワタシのまま成長していこうということを伝えます。素晴らしい私になろうとしたら、素晴らしいワタシのままでは素晴らしいワタシにはなれません。

すでに美しい蝶が、美しい蝶になるためには、一旦、サナギに戻らないと、美しい蝶にはなれません。同じように、素晴らしいワタシになろうとして、みんな、一旦、素晴らしくないワタシになっているのです。

素晴らしくなろうとしている間は、いつまでも素晴らしくなれないのです。だから、素晴らしくなろうとしながら、いつまでも自分をギューっと小さく小さくしてしまうことになります。

僕は、講演の中で、あなたはもうすでに素晴らしいんだということを実際に体感し、気づいてもらいます。

小学校から高校、どの学校の講演などでも次のようなことが見られます。

僕は講演の最初に、アンケートをとります。自分自身のことを素晴らしくて、幸せで最高だと思う人は「5」、その逆に、自分なんてダメで、最低だと思う人は「1」という、5段階で300名程度の生徒に挙手してもらいます。

すると、「5」に手を挙げる生徒は一人もいません。「4」になると、少し周りを気にしながら、そろりと数名、手が挙がります。「3」の普通くらいには半分ほど手が上がり、「1」

と「２」に残りの半分が挙げます。

ところが、講演で、自分自身の素晴らしさ、幸せな存在ということに気がつくと、子供たちは豹変します。講演の終盤にもう一度アンケートをとります。すると、みんなが一斉に、ワタシは素晴らしくて、幸せの「５」だと、手を挙げるのです。

そして、声に出して言ってもらいます。

「ワタシはすごい！」

「ワタシは素晴らしい！」

と。その時の、子供たちの生き生きとした表情、元気な声に、会場は感動に包まれます。

その姿を見るたびに僕は子供たちから教えられます。

子供たちはみんな欲していたのです。みんな求めていたのです。自分は素晴らしい存在であるということを感じたくて仕方なかったのです。

だから、誰もが親に認めてもらおうと、先生に褒めてもらおうと頑張っていたのです。

そして、そのことを通して、自分は素晴らしいのだと感じたかったのです。

残念ながら、大きくなるにつれ、簡単に褒めてはもらえません。それでも、子供たちは認めてもらいたくて、褒めてもらいたくて頑張っていたのです。

ところが、自分自身が、ワタシの素晴らしさに気がついて、自分自身に向かって、
「ワタシはすごい」
「ワタシは素晴らしい」
そう言うと嬉しくて仕方ないのです。だって、そのことを認めたくて、誰かに言って欲しくて求めていたのです。そのことを確かめたくて、いろんなことを頑張っていたのです。それを、一番近くにいる自分自身が言ってあげた時に、自分で認めたときに嬉しくて仕方ないのです。

子供たちが見せてくれたように、誰もが、素晴らしいワタシであるからこそ、素晴らしいワタシになろうとしているのです。それは子供だけではなく、私たち大人だって同じなのです。美しい蝶だから、美しい蝶になろうとしていたのです。だったら、もう、サナギである必要はないのです。素晴らしいワタシのまま、その蝶のように舞えばいいのです。

もう、素晴らしくなることを頑張るのではなく、素晴らしくあることを頑張ればいいのです。僕はすべての大人が、すべての子供たちがそこから始められるために伝えています。

その立ち位置から、教育についても語っています。

成功や失敗の対義語は「何もしなかった」ということ

僕は、教育について語る時、次のことを一番にあげます。

それは、学校、社会、家庭など、あらゆる教育の舞台は「安全に失敗できること」が大切だということです。

教育という舞台を「安全に失敗できる世界」にすることで、子供たちが恐れずチャレンジでき、楽しんで失敗ができると考えています。その土台が確立すれば、子供たちは、本来の素晴らしいワタシにフタすることなく、可能性を解き放ち、思う存分、いきいきと育つことができます。

本来、義務教育という期間はそのための時間です。安全に失敗を経験できる大切な場所なのです。失敗をたくさんするということは、失敗ではありません。失敗をしたということは、やってみた、チャレンジしてみたということです。つまり、成功に向かって一歩進んだということなのです。

辞書では、「失敗」と「成功」は対義語として掲載されています。しかし、失敗と成功とは同義語だと僕は考えています。

成功や失敗の対義語は「何もしなかった」「やらなかった」です。是非とも、辞書の改訂の際に、改めてもらえればと考えています。

もしもテストで、失敗と成功は同義語だとした生徒がいたら、その解答を、素晴らしい解答だと紹介してもらえたら最高です。

教育の舞台は、チャレンジして、おおいに失敗することを喜べる舞台であってほしいのです。

実際、安全に失敗をできる期間にふさわしい特別な能力が、子供には備わっています。それは、「回復力」です。この時期の子供たちは怪我をしても、治るまでの時間が大人と比べて、はるかに早くなっています。それは、生物学的にも、たくさん失敗することに対応していると考えられます。その時期だからこそ、たくさんの失敗を経験できるようにできているのです。

♣ 許すことが安全で失敗できる世界の扉を開く

失敗を恐れずにやってみるということは、自らの中に宿る芽を出すことでもあります。

安全に失敗できる、楽しんで失敗できることを手にした子供たちは、素晴らしいワタシの芽を出し、蕾《つぼみ》をつけ、開花する準備をするのです。

ある意味、自分の使命のようなものや、ヒント、それこそ、使命に繋がる扉に、この時期に出会うのではないかと思います。


使命に気づくためのヒントは「しめい」にあります。

その一つに、誰もが親からもらう「氏名」があります。僕らは親からもらったその氏名を一生の間に何度も耳にし、口にし、書きます。きっと生涯で最も触れることが多いものです。すぐには気がつきませんが、その氏名の中に、不思議と「使命」のヒントとなることが含まれていたり、まさに人生をかけて果たす役割のようなことが隠れていることがあります。

もちろんすぐには気がつきません。ですが、いろんな経験を重ねていくうちに、その氏名に刻まれていたメッセージを受け取る人にもたくさん遭遇しています。ひょっとして、氏名をもらうことで、この世での使命を持つのではないかと感じるほどです。そのため、名前を変えたり、みんなから呼んでもらう愛称を変えるだけでも、人生が変わりだすことがあります。

まさに、僕自身も「フカキヨ」と名乗りだしてから、人生の流れが一気に変化しました。まさに、「深く寄与する人」だと呼ばれたこともあります。また、いろんなセッションや講話を、聞いた方が、心が浄化されるようですと言われることが多いのですが、まさに、浄量（きよとも）という名の通りで、時に、浄（量）化されると評されることもあります。

また、「指名」されることにも、使命は隠れています。誰かから、何かを頼まれたり、役割を任せられることは日常たくさんあります。そんな時、面倒なことを頼まれた、大変なことを任されたとも思いがちです。

ところが、そんな中に、使命につながるような、才能や特技、能力といったものが隠れていることがあります。皆さんも体験したことはないでしょうか？

家族や子供たちに頼む時、兄弟の中でも、このことはお兄ちゃんに、このことは、次女に任せたり、頼んだりする。また、職場でも、適材適所、長けている人、安心して任せられる人を、頼みごとによって選択しています。

それをよく見てみると、頼まれる側は気づかないことが多いのですが、頼む側は、よく相手のことを見ており、その人の才能や能力を見抜いていたりします。そのため、頼まれごとを突き詰めて行くと、ある才能が開花する、使命といったものに遭遇することも多いのが実際です。

こんなふうに常に、使命と呼ばれるものに、出会うチャンスや、気づくヒントがあり身の回りにやってきています。もちろん、やってみるという行動が伴わなければ、これらとの遭遇は望めません。

「しめい」のように、言葉は常にいろんなものを教えてくれます。

僕はこの言葉からいろんな教えをいただいています。本書でも、言葉のメッセージを僕なりに使い､伝えています。僕はこの言葉というものが人を人たらしめているものであり、人であることを可能にしているものだと考えます。

たくさんの命が存在する中で、人間だけがこの言葉というものを扱うことができます。それゆえ、人間だけが、生まれてきたその日から、歴史という時間の最先端を生きることができます。

今日、生まれてきた人間の子供は、今までの歴史が重ねられた上から、あらゆる先人の積み重ねてくれたその続きから、スタートを切ることができます。石を磨き、土器を作るところから始めなくていいのはこのおかげです。

そのほかの動物は、どの時代に生まれても、同じようにエサを取り、食べ、子孫を残すというサイクルを同じように繰り返します。

先人が残してくれた言葉には、先人の知恵がちりばめられています。

使命という言葉はさらに教えてくれます。

「使命」とは英語でmissionと書きます。missとiとonでできています。使命とはたくさんチャレンジしてみて、「miss」という失敗を繰り返すことで「i」ワタシの命のスイッチが「on」オンされることで出会うと書かれているのです。

いろんなことをやってみないと、その使命に出会うことはないということを教えてくれています。失敗なくして、チャレンジなくして使命は気づけません。

実際にやってみるから、そこへ繋がる扉の前に立てるのです。

子供たちは、サッカーをやってみたい、ピアノを習いたい、〇〇を買ってほしい、いろんなことを言います。そして、将来、野球選手になりたい。ユーチューバーになる。漫画家になる…そんな夢を口にします。

ところが、安全に失敗できる世界でなくなった今の世界では、芽を出すことを恐れ、「素晴らしいワタシ」を閉ざし、自信も摘まれ、可能性を閉じ込められていきます。

「そんなものになれるわけがない、そんなのは一部の人よ」

と大人はいいます。そして、あの手この手で、子供を軌道修正させようとします。そのため、子供たちはせっかく見つけた、未来へ向かう自分のゲートを閉ざされてしまいます。

本当は、ユーチューバーになると言った、そのゲートを閉ざしてはいけないのです。そのゲートを通っていくから「使命」のようなものにたどり着けるのです。

そのゲートをたどっていくと、やがて、ユーチューバーから波及して、この先、またいろんな世界に出会っていきます。それこそ、やってみたら、ユーチューバーではなく、自分が人を喜ばせることが好きなことに気がついたりします。そのために何ができるかと考え、アミューズメントに関わる仕事や企業に向かっていくかもしれません。

ユーチューバーになりたいと言ったそのことが決して答えではないのです。そのゲートが開いたからこそ、そのゲートをくぐったからこそ、やがてたどり着く未来に向え、たどり着けるのです。その先に待っているものに出会うためには、一度、そのゲートから出て、進んでみないといけません。

ですが、実際、次のように多くの子供たちはゲートを閉ざされていきます。

小学校に通う前に、

「大きくなったら何になりたい？」

と聞かれた子供が、「野球選手になる！」と言うと、大人は、

「きっとなれるよ～。楽しみだね～」

と言います。

小学校に入学し、３、４年生になり、

「大きくなったら何になりたい？」

と聞かれた子供が、「野球選手になる！」と言うと、大人は、

「だったら、嫌いな野菜もしっかり食べて強く

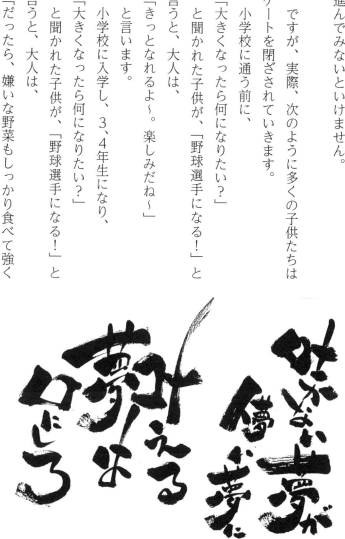

ならなきゃ！　それに、勉強もできないといい選手にはなれないから頑張るんだよ～～～」

と言います。条件をつけてくるのです。

もう少し大きくなると、だんだん、ほかの子供と比較して、可能性を査定します。だから大人はこう言います。

「あなた、足は速いから、中学校に入ったら陸上が向いてるかもよ」

そう言われても、その子は野球部に入ります。

まず親が勉強しよう

中学校３年生になると、こんな場面に出くわしました。

三者懇談です。僕の前に座ると、生徒と、母親はやや背中越しです。険悪なムードが漂っていました。

重い空気を破って、母親が言います。

「あんたは、中学校卒業したらどうしたいの？」

すると生徒は言います。

「俺、○○高校に行って、甲子園に出たい！」

本人のテストの実力に伴わない学校名を聞いた母親は言いました。

「あんた！　高校に入学しな、高校野球にも出れないんやからな！」

うまく言ったものですが、子供はそれでは、うまくいったりしません。

この子は、しぶしぶ、親の言う、就職に有利な学校へと進みました。

こんなふうに、子供たちの心の中で浮かぶゲートは、どんどん閉ざされていきます。そして、高校生になり、進路を控えた子供に親は聞くのです。

「あんた、高校卒業したら、どうするの？」

子供はこう答えます。

「さぁ…わからん…」

ゲートを次々閉ざされ、もう自分でもわからなくなった子供はそう答えます。そう答えられた親は、また激怒して、

「自分自身のことやのに、さぁ…って何言ってるの！」

と、自分が子供のゲートを閉ざしてきたことに気がつかぬまま、言うのです。そして、

「先生、うちの子どうしましょう…」

と相談を受けます。

答えは簡単です。一度、失敗してもいいから、やらせてあげてください。その子を信じてあげてください。僕はそう答えます。

僕は中学校で勤めていた時に、たくさんの保護者から「どうすれば」という質問をたくさん受けました。

それこそ最も多かったのは、

「先生、どうすれば、うちの子は勉強するようになりますか？」

という質問でした。僕は言いました。

もちろん、勉強をする気にさせる方法は幾つでもあります。それを親御さんがやっても構いません。ですが、一つだけ約束して欲しいことがあります。親御さんが、やる気にさせるのであれば、絶対、その子よりも、親御さんは長生きしてください。

何故なら、その子は一生、親御さんからやる気にしてもらわないとやる気が起こせなくなります。やる気スイッチを親御さんが入れ続けるのであれば、一生、スイッチをことあるごとに入れ続けてあげてください。でもできることなら、親である親御さんの方が子供よりは先に逝きたいし、子供には自分よりも長生きして欲しいですよね。

だったら、じっと、その子が、やる気になるまで見守ってあげて、自分でスイッチを入れるチャンスを与えてあげてください。今、勉強をして欲しいのは、親御さんです。子供は、まだ勉強をしようというスイッチは入っていません。勉強をするというのは、子供自身の課題です。その課題を先に、親がとってしまっては、子供は課題にできないのです。

じっと見守っていたら、本当に勉強をしなくてはならないと思った時に、その子自身が、勉強を始めます。もちろん、始めないこともあるかもしれません。でも、大切なのは、その子自身が、必要だからこそ動き出すことです。失敗してから、後悔してから動き出すこともあります。それでも、自分で動き出すことが一番大切なのです。

これも先人がちゃんと言葉に込めて、残してくれています。

「親」という字が教えてくれます。親は、木の上に立って、見守ると書きます。木から降りて、先に教えたり、口を出したらいけないのです。親は、木の上に立って、じっと子供を見守りなさいと書き記してくれています。もしも、どうしようもなくなったり、助けて欲しい時には、子供は木の下にやってきて、「助けて！」と言います。その時にだけ、助けてあげたらいいのです。

例えば、ゲームです。親が、いくら「1日1時間まで」と制限をかけて管理していても、きっとその子は、仕事につき、働き出し、一人で暮らし始めた時、今までの管理下から解き放たれ、お金と時間をたくさん使って、ゲームをし続けるでしょう。その時、親である僕たちはもういないかもしれません。親がいなくなってから失敗をしても、もう教えてくれる人、助けてくれる人はいないのです。

だったら、目の黒いうちに、木の上に立って、じっと我慢して見守って、失敗をさせてあげたらどうでしょうか。自分で自分のスイッチを入れていく機会を与えてみてはどうでしょうか。木から降りて、勝手に、子供から奪い取るのではなく、親として存在してあげられる中で見守ってあげたらどうでしょうか。親としていられる間にしかできないことです。

本来、子供は素晴らしい存在です。すごい命のスイッチを持っています。いろんなことに興味を持ちます。でも、いつの間にか、みんな、美しい蝶だったのに、飛ばないようにサナギにさせられてしまっただけです。

今の世界こそが、美しい蝶を一旦サナギにしている土壌かもしれません。

本当は素晴らしいのに、素晴らしくなるために、素晴らしくないワタシになって、どんどん素晴らしいワタシにフタをしていってしまうのです。

しかし、希望はあります。サナギであるということは、再び、蝶として飛ぶことができるのです。そのために「安全に失敗できる世界」を取り戻せばいいのです。

その「安全に失敗できる世界」を余すことなく過ごすために、大切な鍵があります。その鍵でしかこの世界の扉を開けることができません。

その鍵とは「許す」ということです。


花が開くのは「緩める」からです。

そして、サナギがかえるのは「暖かい」からなのです。

人が本来の素晴らしく幸せであるのは「許す」からです。

サナギは孵《かえ》すのではなく孵《かえ》る

変なことを聞きますが、サナギって見たことあります？

じゃぁ、見たことある人は、サナギを割ってみて、中を見たことはありますか？

やったことのない人のために紹介すると、サナギって割ってやると、中からドロッとした液体が出てきます。サナギの前の青虫の面影はそこにはありません。ドロッと溶けてるんです。そして、新たに、蝶の形へと変わるんです。すごいと思いませんか？

だって、溶けて、全く別の形に、変わるんですよ！　驚き以外何者でもありません。もちろん、青虫の中にあった成分から、蝶へと形を変えるんですから、蝶は１００％青虫からできています（笑）。

実は、このサナギのような時期を僕たち人間も通過しているのです。それが思春期と言われる時期です。

よく親御さんから相談を受けました。

「小学校の頃と違って、何を考えているか全くわかりません。全く、話さなくなったし、いつも友達と遊んでばかりで心配です。昔は、おとなしい子で、そんないろんなことする子ではなかったのですが…。友達と行きすぎたことをするんじゃないかと心配です」

また、不登校や、引きこもりといったお子さんをお持ちの方もどうすればいいのかとよく相談を受けたものです。

僕は、その時には、このサナギの話をします。

心配になって、サナギを割ってしまうと、サナギはぐちゃぐちゃになっちゃうんです。じっと待っていてあげないといけない時があるんです。それを気になるからって、サナギの中を割って、見ようとしてはダメなんです。

小学校までは親の価値観の中で過ごしていました。でも。思春期になると、子供達は、友達や尊敬する人、出会う人によって、自分の価値観を築いていきます。まさに、自我の目覚めです。これを読んでいる大人もみんなそんな時期を超えて、今があるんです。

それこそいろんな形で起こります。不登校、引きこもり、心の病、発達障害…様々なことを通して、自分の中にいろんなものが生まれ、悩み、そうした時期に自分の中でいろんなものを育てていきます。

今までは葉っぱを食べて育っていた青虫が、ある日、サナギになって、サナギから孵ると、蝶になって、葉っぱを食べるのではなく、蜜を吸うようになります。

こんなふうに、サナギから孵った後は大きく変貌します。でも、親はついつい、葉っぱが好きだったじゃないって、葉っぱを食べさせようとしますが、子供たちはそれぞれ十人十色、全く違った個人としての存在になっていきます。

サナギの間は、割ってはいけないし、サナギから孵ったら、全く別の個人になります。だけど、あの子からできた、存在なんです。そして、ちゃんと親からもらったものでできています。

子供が小さな間の子育ては「体力」が要ります。でも、手が離れて、子供が大きくなってくると「待つ力」と書いた「待力《たいりょく》」が要ります。サナギの間、じっとそのサナギを見守るしかないのです。途中で、中をのぞいたら、ぐちゃぐちゃになります。サナギの中で形成する間は、そっと暖かな愛情で包み込んで、信じてあげるしかないのです。

でも、安心してください。必ず、サナギから孵ります。ただし、割っちゃダメですよ。サナギは孵すのではないのです。孵るのです。蝶になるためにサナギの時期も必要なんです。大丈夫、１００％あの子からできています。今まで糧としたものでできています。素晴らしい青虫が、素晴らしい蝶になるだけですから。

2 子供たちの舞台崩壊

なぁ先生、昔、こんなんやったか！

教師の20年間は、どちらかというと、たくさんの課題を抱えた生徒との時間でした。おかげで子供たちや親御さんから、たくさんのことを学び、気づくことができました。どれも大切な宝物です。

その中の一つ、ある教え子のことです。その生徒は、中学校に入学してくる前から、噂になっていました。その生徒のお母さんも知っていたため、入学前から、

「お願いしますよ」

と頼まれていました。ちょうど、入学してくる時に、中学1年生の担当のまわりとなったこともあって、その子の担任になりました。結局、3年間、「彼」の担任でした。

彼はいろんなことをやりました。教室の窓から机を放り出したこともありました。カッとなって、抑えられず、すぐに手をあげて、友達を傷つけることもありました。

その度に、本人とお母さんと一緒に相手の家へ謝りに行きました。その後、彼の家へ一緒に帰って、お母さんとコーヒーを飲みながら話をするというのが定番となっていました。

いつものように謝罪の後、彼の家でお母さんとコーヒーを飲んでいた時のことです。

彼のお母さんがこう言われました。

「なぁ先生、わかるんや、わかってるんや。絶対、うちの子がやったことは間違いや。絶対に、手を出したらアカンし、怪我させたらアカン。けどな、先生、昔ってこんなんやったか」

と、目に涙をため、顔を真っ赤にしたお母さんの顔は忘れられません。

その日も彼は手をあげ、相手の目の上を切る怪我を負わせました。謝罪に行くと、傷つけられた生徒の親御さんは腕を組み、母親を睨みつけ、こう言ったのです。

「あんたなぁ、今回は目の上だったからよかったものの、もし、これが目やったら、あんたどうするつもりやったんや？　どう責任取るつもりやったんや？　もし、うちの子が目が見えなくなっていたら、あんたはどうしてくれるつもりやったんや？」

怪我をさせた彼のお母さんは、次々と浴びせかけられる言葉を数十分間、ただただただただ、頭を下げ、受け続け、謝り続けられました。

そんなことがあった後の、お母さんの、

「先生、昔ってこんなんやったか?」

という言葉だったのです。

♣お互い様やがな、かまへん、かまへん

その言葉を聞いた時に、僕の脳裏に、ある場面が浮かびました。

僕自身も、子供時代、たくさんの失敗をしてきました。誰かを怪我させたこともありました。その度に、父親に連れられ、相手の家に謝罪にも行っていました。

しかし、その当時のどの場面をとってみても、先のお母さんが言ったように、昔は今とは違っていたように思います。

謝罪へ訪れると、相手の、親御さんが僕に向かって、諭すように話してくださいました。

うちの父親も、相手の親御さん、子供に向かって、何度も丁寧に詫びを入れていました。

そして、謝罪が終わり、帰る時にこんな場面があったのです。

子供たちをその場から立ち退かせた後、親同士が会話していました。

「本当に申し訳ない、うちの子が、怪我させて、迷惑をかけて……」

「そんなん、ええがな、ええがな。ひょっとして、うちの子がしてしまう側やったかもしれん。お互い様やがな。かまへん、かまへん。気にせんといて……」

そんな会話のやり取りでした。

だから、彼のお母さんの、

「昔はこんなんやったか？」

という言葉が、心に響いたのです。

「お互い様やがな。かまへん、かまへん」

そこには、許し合うだけではなく、子供たちを大切に育て合う、舞台があったように思います。「安全に失敗ができる世界」はそうやってたくさんの大人たちが、共に守ってくれる上に成り立っていたのかもしれません。信頼し合う土台の上にあったのかもしれません。

まさに、信頼とは「信じて頼る」ことができる相互の関係から生まれるのです。

3「備えあれば！」で憂いばかり？

「もしも」が氾濫する世の中

そのお母さんの言葉を聞いて、もう一つ出てきた場面があります。

当時、４歳の息子を保育園に迎えに行った時のことでした。

子供を部屋に迎え行くと、先生が僕の顔を見るや否や、走ってこられました。しかも2人もです。何事かと思いました。そして、

「お父さん、申し訳ありません！　実は・・・・・・」

と、話し始めました。

それは、ある子が遊んでいた時に、うちの子を怪我させてしまった、ということでした。

２人の先生は、

「目が行き届かず申し訳ありませんでした」

と、何度も頭を下げられました。僕は、大袈裟だなぁと感じたのですが、こう返事をし、息子を連れて保育園を後にしました。

「子供ですから当然です。いえいえ、気にしないでください。そんなの子供同士だから当たり前じゃないですか。全く気にしてもらわなくて結構ですから」

当時、僕も、教育現場で働いていましたから、

「（2人の先生が必死で謝るほど）厳しく言ってくる親御さんが多いのだろなぁ」

ということが容易に想像できました。


今の世の中は、クレームや、苦情の嵐です。そして、そのためでしょうか。それを防ぐために配慮されたものをたくさん見かけます。

商品を買えば、「これは食べ物ではありません」「これはお酒です」「白い物質が沈殿する場合がありますが、問題はありません」等々。

あらゆる「もしも」に備えた文言が添えられています。

高価な商品、車やスマートフォンを契約する時には、

「店員から説明を聞きました」

などとチェック項目も多数用意されています。

病院で手術を受けようものなら、この手術によって死んでしまうのではないかと思うような項目がずらりと並んでいます。僕も実際に、親知らずを抜く手術の際に、たくさんのチェック欄に印を入れました。

「舌がしびれることが続くことがあります」

「味がわからなくなることがあります」

「話しにくくなることも稀にあります」

「唾液の分泌が・・・・・・」等々。

一瞬、遺言を残しておくべきなのかと考えたり、「もしも」が発生した際の今後の家族とのあり方まで想像しました。麻酔をしなくても、気が遠くなれそうな気がしたものです。

あくまで、「もしも」何かがあった時に、

「事前に説明をしておきましたよね」

と訴えなどを起こされないための項目なのです。それほどまでに、訴えや、責められることに対する備えが必要なのです。

そうなれば、患者のリスクより、自分たちのリスクマネジメントが万全になります。言い方を変えれば、それほどまでに、「許す」ことをされなくなった社会なのです。

だから、教育現場でも、訴えられないために、責められないために、クレームを避けるために、皆、必死です。そんな世界では、親も備えます。そして、子供たちに言います。

「いいか、あんた、手だけは絶対に出したらあかん！」

「〇〇だけは絶対にしたらダメ！」

「もしも」子供が何かをしたり、誰かを傷つけたら、親のワタシが責められて大変です。

だから、言うのです。事前に失敗させないように最大限の注意を注ぐのです。

♣常識とは誰かによってインストールされたコレクションである

こんな生徒もいました。

「先生、生徒会に入りたいけれど、お母さんが、生徒会に入ったら、目立って、人から疎まれて、嫌われるからダメだって。絶対にリーダーとかつくものはやってはいけないって言われてます」

正直、驚きました。親はそこまで想定して、前もって、いろんな「もしも」という危険を最大限予測して、備えているのです。子供は、そのことを受けて、

「そうなんだぁ」

と経験を伴わない想像だけします。そして、勝手にそうなんだと思い込み、信じて身につけていきます。やがて、想像から、「そういうものだ」という常識になって、その子の中にインストールされていきます。

災害や悪天候が予測される際の、気象庁の発表や、テレビのニュースで繰り返されるコメントにもそれが反映されているように思えます。

悪天候よりも、

「もしもこんなことがあって、起こってから、訴えがあっては大変だ」

と、そちらの予測の方がかなり先まで行われています。だからでしょうか、警報も早く出ます。

子供たちも、悪い事が起こる想像力はかなり身につけていることでしょう。

「常識とは誰かによってインストールされたコレクションである」

と思っています。そのインストールされたものによって心は反応を示し、動作していく

ことになります。

常識は人の中にあるＡＩ《エーアイ》が反応したもの

ＡＩ《エーアイ》の進化は目覚しいもので、知らぬ間に僕らの周りにどんどん現れています。アプリを使って、ニュースを読んでいるうちに、どうやらＡＩは僕の好みを掴んでくれるようで、僕が好きそうなニュースを次々、僕の前に登場させています。

僕もAmazonを利用するのですが、よく、こんな本はどうですか？　と紹介してくれます。これがまた、見事に、僕が気に入りそうなタイトルの本なのです。全て、ＡＩの仕業です。

スマートフォンも進化をしていて、僕はスマホの充電を寝る時にしているのですが、スマホは自ら、バッテリーのパフォーマンス維持のため、過充電などを自ら避けていることを知っていますか？　気づいていなくても自動でしています。僕は、朝４時ごろに起きることが多いので、夜、10時に充電をつないで寝ても、すぐに充電を１００％にするのではなく、朝４時前に１００％になるようにして、バッテリー保護をやっているのです。

AIはすごいんです。AI自身には手はありませんが、充電のように、もう僕らの気づかないところにも手が回っています（笑）。

で、これ、気づいてほしいんです。どれもこれも、僕自身がAIに情報を入力したのです。

気になるニュースを押して、読めば、こういったこと好きなんだ、とAIは認識します。Amazonで講演で使えるマスクを一時期よく探したものだから、やたらマスクを紹介されたこともありました。親切に、空気を綺麗にしてくれるものも出てきました。充電に繋ぐということから、僕の生活リズム情報を与え、リサーチされているのです。

え!!　コワイ!!　そう思った人もいるかもしれませんが、大丈夫です。僕らの外にあるAIはある程度、気をつければ止めることもできます。

ところが、実は僕たちの中にも「AI」が入っているって知っていたでしょうか？

あっ！　寝てる間に、こっそり、AIを埋め込まれたとか、そんなことはありませんので安心してください。安心してくださいですが、残念ながら僕らの中のAIはかなりレベルが高く、とても影響を及ぼします。

僕らの中にある「ＡＩ」、それは「愛」です。愛という名のＡＩがずっと働いています。それこそ、みんなにインストールされた常識は、まさに愛のかたまりです。どれも愛からの贈り物なんです。

基本、常識を与えるのは、何かその人のことを思うが故の愛からきます。

「この子のために、この常識を教えておかなくてはならない」と親はいっぱい教えてきます。学校も未来の社会を担う子供達にいっぱいの常識を教えてくれます。先生の愛が大きければ大きいほど、たくさんの常識を教えてくれます。どのインストールされた常識も基本的には、全てあなたのことを思う愛がある故にインストールされたものです。

その愛であるＡＩが今も、反応し、僕らの目の前に、「あなたのお好みはこれですね」と、いろんな出来事や場面を提供してくれているのです。

多くの人は、どんなに嫌でも、嫌いでも休まずに仕事に行くものだと常識を手にしています。だから、休まず、サボらず、ほとんどの人が仕事に行きます。それこそ、もしも、やりたいことがあったとしても、やりたくない、嫌いな仕事を優先して働きに行く人もいます。

するとあなたの中のＡＩは思うのです。やりたいことよりも、やりたくないことをするのが好きなのだ…と。

するとと、残業、休日出勤、急なトラブル対応、やりたいことよりも、やりたくないことをするというお好みのメニューを次々と目の前に登場させてくれるんです。

「えーっ」と思うかもしれませんが、AIに入力したのです。AIはちゃんとあなたが優先することを、選択していることを情報として入力して行きます。

それこそ、悩みや苦労といったものも、AIからくるもので、何度も同じようなものにぶつかります。AIがあなたが喜んでくれると思って、人生という場面に登場させてくれてるんです。

つまり、常識としてプレゼントされた愛からできた、僕らの中にあるAIに新しい情報を入れない限り、ずっと同じような困難やメニューしか目にできなくなるのです。

何も考えないでいると、AIの出してきたものに従って、変わらない日々を過ごしてしまうんです。だから、ちょっと立ち止まって、「ほんとうか？」と疑ってみたり、問うてみたりしてみてください。すると、AIに新しい情報が入り出します。今まで出てこなかったものが目の前に現れるようになります。

もう一度だけ言っておきます。情報を入力したのも、するもの、あ・な・た　です！

4 「正義の味方」が世界を曲げる！

好奇心は人生の羅針盤

既述のように、失敗と成功とは同義語です。人生においては、失敗をしなかったことが失敗なのです。やってみないとわからないことは、やってみないとわからないのです。やらずにわかることはないのです。

辞書で「悔しさ」と調べれば、それらしい説明は載っているでしょう。しかし、体験を伴わなければ、悔しさの本当の意味はわかりません。

親から、「包丁は危ないから気をつけなさい」と百回言われるよりも、包丁を使って、誤って指を切る体験をした方が、気をつける力は育ちます。

「チャレンジする」とか「やってみる」楽しさは、一度体験すると病みつきになります。

元々、子供たちは、やってみたいの塊でした。興味・関心の塊《かたまり》だったのです。ところが、そんな元々のエネルギーは失敗をさせないために閉じ込められていきます。本来、「どうすればいい？」ということを学ぶためには、その言葉の通り、DO《ドウ》すればいいのです。DOすることでわかるようになります。

「どうすれば？の答えはDOすれば」わかるのです。それでしか学ぶことはできません。僕が、安全に失敗できる舞台で、子供達に失敗を勧めるのはそのためです。「どうすればいいか？」を学ぶためにDOすればいいということを体得するためです。きっとそのために、子供たちは「好奇心」というものを持って生まれて出てくるのだと思います。

子供が持っている「好奇心」は人生の羅針盤です。好奇心は常に、その人が進むべき、扉の前に連れていってくれます（詳しくは第2章で）。

とにかく、子供にとって「安全に失敗できる世界」で、失敗も含め、やってみることが大切なのです。

もちろん、それができていない、やらせていない、親が悪いということでもありません。親も大変です。親としての教科書、子育ての教科書があふれています。子育てを、親として一所懸命、頑張っているのです。だから、あれこれ気になってしまうのです。

情報があるからこそ、親としてどれにも対応しようとします。様々な子育てや教育についての教科書があるからこそ、地域や社会、そのほかの大人といった周りの目も厳しくなります。

♣ウルトラマンは迷惑マン

何か事件が起こったり、問題がニュースで報道される度に、その対応策が次々と立ち上がります。対応や対策をしなかったら、「何をしていたんだ！」と批判され、決して許されないのです。

社会は、マスコミは、大人は「何をしているんだ」と厳しく見ます。そして、みんなが「正義の味方」に変身します。事件が起こると、あちらこちらに、ウルトラマンが出現するようなものです。

出現したウルトラマンは次々、危ないからと危険に思われるものを破壊します。怪我をしないように、傷つかないように、正義をかざして、

「許せない！」「何してるんだ！」

と動き回るのです。まさにウルトラマンは迷惑マンです。

決して、親だけではありません。学校、先生、教育委員会、地域、はたまた国と、様々なところに「正義の味方」が現れます。

そうなれば、明日は我が身です。いつ、正義の味方が現れて、叩きのめされるかわかりません。それならば、先に、

「何をやっているんだ！許せん！」

と「正義の味方」に変身した方が勝ちです。

また、中には、こんな人も出てきます。正義の味方は「被害者」を守ってくれます。それならば、「被害者」になって、涙を流せば守ってもらえる。その方が安全だと考えるのです。被害者になって、あの人が、学校が、お役所が、社会が、と、被害者の辛さを主張すると正義の味方が助けてくれるのです。

親として、大人として、〇〇として、とにかく、許されない社会で、責められないために、許されるために、変身するのです。

若いからなんでもやってみろ、と言われても困るんです

子供たちも、大きくなるにつれて、そのことには敏感になります。中には、小学校くらいで、早くも「正義の味方」になって、身を守るための変身スーツを着用する子もいます。「被害者」のタスキをかけ、アピールする子もいます。そうして、無用なチャレンジから遠ざかります。言われた通りに、みんなと同じように、安全に、無難に、やるべきことを選択していきます。

その結果、失敗をすることもなく、チャレンジもせず、大人になっていくことになります。目立たない方が無難です。安全です。能力がバレると、頼まれます。頼られます。隠さないといけないし、捨てた方がいいのです。

動物で言えば、持っている能力、力、特徴、本能を全て押さえたまま大人になるようなものでしょう。

傷つけないように、牙を抜かれ、爪を丸く研いでいます。能ある鷹が爪を隠しているのではありません。ケガをさせないように能ある鷹の深爪をするのです。千尋の谷に落とすなんてしません。谷に落とされたことのないライオンであふれ返ります。鯉も滝を登った

ことはありません。獲物を「狩った」ことはなく、お店で獲物を「買って」帰ります。そんな世界です。

そんな世界で育った子供たちは、社会に出た途端、全く逆の言葉に出会うのです。

「君たちは、若いんだから、なんでもどんどんやってみろ！」

と。そこで初めて、自分が何も挑戦してこなかったことを悔やむことになるのです。

そして正義の味方がまたいろんなところに登場することに繋がるのです。

地図を見ることと実際に歩くことは違う

本当にすごいなぁって感心します。僕は全国いろんな場所に講演に行きます。行ったことのない場所ばかりです。きっと昔なら、でっかい地図帳片手に、確かめながら行くしかなかったんだろうと思うと、最近の手軽さに感謝しないではいられません。

手のひらの上で、地球を眺めたり、有名な建築物、絶景まで見られます。目的地を入力したら、地図にさっと経路が示され、親切に新幹線に、電車にバス、ご丁寧に乗り換えまで表示してくれます。だから、その地図を見るだけで、目的地までの経路や、大体の所要時間、行き方がわかります。

ある意味、今の世の中、人生までも、こんなふうになんでも地図で見られて、計画でき、おおよそ把握できるんじゃないかと思うんです。

いくつくらいから習い事を始めて、こんな学校行って、こういう進路につけば、こういった仕事について、こんな生活で、こんな人生が待っているみたいな。

今は、世界中のあらゆる絶景から、建造物まで見られるために、地図で眺めて全部わかったような気持ちになってしまいます。

ところが、地図を見ることと実際に歩くことは全く違うんです！

いくら道がわかっていても、目的地までの経路がわかっていても、実際にその道を歩いてみないとわからないことがたくさんあります。

講演へ向かう中、たくさんの荷物が入った大きなスーツケースを持って移動していると、地図からはわからなかった、電車の乗り換えの困難があります。

長い階段を降り、長い階段を登り、乗り換えないといけないところがあるのです。驚きましたが、エスカレーターやエレベーターもないところもありました。また、駅に着いて、目的地まで歩いていけると思い、歩き出すと、スーツケースを引きずって歩けないレンガ状の歩道だったということだってあります。大雨に降られて動けないことだってあります。電車の遅延もあります。強風で飛行機が飛ばないことだってあります。地図を見ることと実際に歩くことは違うのです。

いくら、人生を地図で確認しても、実際に歩かない限り、わからないことがたくさんあるんです。中には逆に、地図だけ見て、諦めてしまって、歩かずに終わっている人もいるかもしれません。

それに、実際に歩いてみると、優しさに出会うこともたくさんあります。地図ではわからなかった、素晴らしい景色に出会うこともあります。時間によっても、天候によっても見せてくれるものは変わります。地図には書けません。

わかることと、わかっているつもりは実はそのくらい違ったりします。世の中は机の上で学べないことがいっぱいあるんです。

5　「転ばぬ先の杖」で歩けなくなる

今の若者は言われたことしかできない！

おかしな世界で育つ子供たちは、失敗を許されません。冒険ができません。チャレンジができません。親のセリフは、

「だから、言ったでしょ！」

です。子供たちが耳にするのは、

「だから、やめときなさいと言ったのに！」

という言葉です。

大人になるまで、失敗することを防がれ、避《よ》けられ、許されなかったのです。だから、言いつけを守って、忠告に従って、アドバイスを受け入れ、チャレンジすることなく、失

敗を経験することなく、望まれた通り「いい子」で育ってきました。

ところが、ある日、大人になった途端に、社会に出た途端に、

「君たちは、若いんだから、なんでもどんどんやってみろ！」

こう言われるのです。

「なんでもやってみろ」

と言われても、

「失敗をしてもいいから」

と言われても、牙も抜歯して、柔らかいお肉しか食べたことないトラや、バッチリ深爪をした脳ある鷹です。谷を這い上がったこともないし、流れに逆らって上流に上ったこともないのに、パッケージに入ったお肉を買うことしかできないのに、突然、

「今から、やってみろ」

と言われても、どうすることもできないのです。戸惑うばかりです。

失敗をしたことがない者に、挑戦したことがない者に、

「失敗してもいいからなんでもやってみろ！」

というのは、とんでもなく難しいことです。自転車の乗り方どころか、乗ってみたこと

もない者に、「失敗してもいいから！」というのは通用しないのです。泳いだことないのに、海にほうりこまれたら、死んでしまいますから。

しかし、先輩の大人達は、そんな、若者を見て、「今の若者は、言われたことしかできない！」なんて言葉を浴びせます。動物園で飼育しておいて、野生に返すこと自体が間違っているのです。

♣あなたは僕の気持ちをまったくわかってくれない！

「失敗してもいいからなんでもやってみろ！」

利口に、賢く「いい子」で育ってきた若者は、当然この言葉の意味を理解できます。しかし「失敗が許されない社会」で育った若者は、子供の間に、たくさんの「転ばぬ先の杖」を持たされて育ってきました。

若者は、その杖が邪魔になって身動きがとれないのです。一本ならまだしも、何百本も持たされています。たくさんの杖を持っているので、万が一、転んだら大変なことになります。抱えていた多くの杖が引っかかったり、杖が刺さったりして、大怪我をします。歩くことさえ大変なのです。

真面目に、失敗もなく、いいと言われたことをやって、素晴らしい大学を出たのに、社会に出てから、転んで大怪我をして立ち上がれなくなった人が現実にいます。

一所懸命勉強して医者になったのに、患者に診てもらうことを嫌がられたり、名門大学を出て弁護士になったのに、仕事の依頼が一つも来なかったりという例はたくさんあります。

患者や弁護を頼む依頼者から、

「あなたは僕の気持ちをまったくわかってくれない」

と言われるのです。周囲にいる職場の人たちとも意思疎通ができず、いい歳をして引きこもりになってしまいます。

失敗が許されない社会で自分の気持ちをわかってもらえないまま、意思疎通もうまくいかないまま過ごし、ようやく大人になり、またしても許されない社会で生きていかなければならない！　いわば「負のスパイラル」に巻き込まれてしまうのです。

暖かく、優しい光の中で、花も、人も咲くことができる

「安全に失敗できる世界」の扉を開けるためには「許す」という言葉が、鍵になります。まさに、キーワードです。

許す・許せる舞台をたくさん作っていくことが必要です。

ところが、許す・許せる世界が広がっていくために大切なことは、誰かに「許しましょう！」

と言うことではありません。どんどん誰かを許すことをする前に、すべきことがあります。誰よりも先に、「ワタシ」を許すのです。自分自身に向かって、「許します」と言わなければなりません。実は「許す」始まりは「ワタシ」からなのです。

そのことをしないと、いくら許そうとしても、許すことができないことに遭遇します。

人の失敗を許してあげたいのだけれど、仕事で誰かが失敗ばかりすると許せなくなります。子供が失敗を繰り返すと、思わず怒ってしまいます。それはどうしてか。自分が失敗しないようにしているのに、失敗してはいけないと思っているのに、目の前で、どんどん失敗をする人がいます。その時に、

「私は失敗しないようにしているのに、何しているのよ！」という、私の本音が出てくるからです。

それこそ、職場で、自慢話ばかりしてくる人がいると、腹が立つのです。何故なら、ほんとうは私も、自慢したいのに、自慢してはいけないと思って、自慢していないのに、どうしてあなたは自慢してくるの！　という、気持ちが出てきてしまうからです。

どちらも、失敗してもいい、自慢してもいい。そう自分自身を許してあげないと、他人に自分を映し出して、許せなくなってしまうのです。

自分自身を許さず、許可も出せず、やりたいことを我慢してフタをしているから、他人に対して許せない気持ちが出てきます。自分を押さえ込んだままでは、他人を許すことはできないのです。

自分を許すことで、素晴らしいワタシのフタが開くのは、花が開くことと似ています。

花が咲くとき､花は､力を込めて､パカっと蕾を開くのではありません。寒い間､ぎゅーっと閉じていた、その蕾は、暖かい春の日差しや、気候の中で、その力を緩め、ふわ～と開きます。

同じように、温かさの中で、優しく優しく、許して、緩めていくから、ワタシという素晴らしい花が自然と開くのです。

ほっ

これは僕の『日めくりカレンダー』のある１日に出てくる言葉です。

本書にもいくつか作品を載せています。中学校に勤めていた頃、いい言葉やメッセージを筆で書いて、教室や廊下に掲示していました。

良い言葉に出会うと、その良い言葉に触れて、自分の中にあるものが反応します。子供達の中にあるものを反応させたくて、たくさん飾っていました。

だから、いい言葉に出会うと、子供たちがよくその言葉を欲しがりました。

そこで、学年の終わりや、卒業の時に、カレンダーにしてそういったメッセージをプレゼントしていたのです。そのカレンダーの中には、

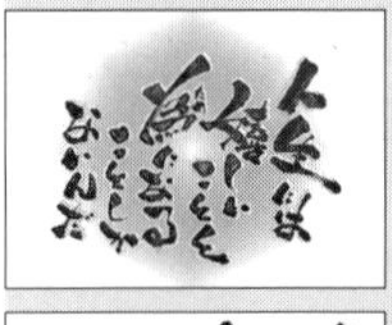

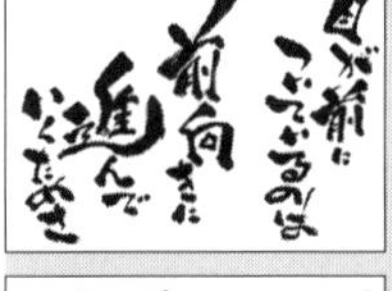

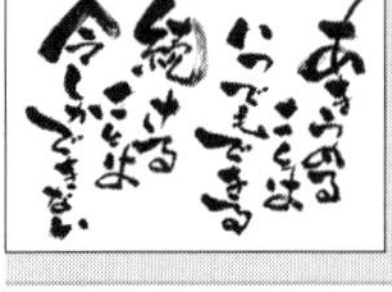

といったような言葉が入っています。もちろんそれらの言葉も人気なんですが、

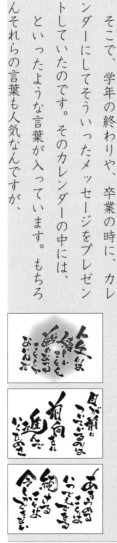

という言葉が大人にも、子供にも妙に人気がありました。これが出てくると、なんだか、ほっとしますとよく聞いたものでした。子供達もやたらと、この「ほっ」が欲しいとリクエストしたことがありました。みんなどこかで心を緩めてほっとすることを望んでいたのだと思います。

いい具合に力が抜けている、「脱」力した時が、体のパフォーマンスの良い時です。心と体はつながっています。だから、脱という字の「にくづき」を、心である「りっしんべん」に変えてやると「悦」びになるんです。

子供達はたくさんの情報の中で、たくさんのやらなければならないことに囲まれて、ほっと息つく暇もないのかもしれません。だけど、ちょっと体の力を脱力して、心を緩めて、悦びあふれるものにたくさん出会うことの方が、ずっと大切だということを、直感的に知っているから反応していたのでしょうか。

第2章

「許可」は得るものではなく出すもの

1 握りしめた手じゃ握手はできない

ああ～、それなのに、それなのに・・・・

ケンカして仲直りの握手をするとき、ぎゅ～っと握りしめていたら握手はできません。握手をする時と同じように、誰かを「許す」時は、ぎゅ～っと握りしめていた思いを緩めないと許すことはできません。

「人に優しくしましょう」

とみんなが言います。さらにつけ足し、

「人に優しく、自分に厳しく」

という言葉がよく使われます。きっと、この言葉、相手に優しくする、相手を敬う意味を込めてできたのです。そう言う方が、より相手に優しくできると考えられたのでしょう。

ところが、昨今の「許されない」社会です。そのため、後者の「自分に厳しく」にフォーカスされてしまいました。相手により優しくすることを強めるはずが、自分をより厳しくすることに力点が移ってしまったのです。そうなると、力が入ります。

「自分に厳しくしなければ！」

「自分を甘やかしてはいけない！」

と、いつも力んでしまいます。その結果、いつも手は握りしめたままになり、握手もできなくなって、他人を許すことができなくなるのです。

「だって、私は、自分にこんなに厳しくしているのに、どうしてあの人は、自分に厳しくしないの？　私はちゃんとルールを守っているのに、どうしてあの人はルールを守らないの？　こんなにも、私は周りのことを考えているのに、どうしてあの人は考えないの？」

と、誰かを指差し、睨みつけては、ますます手をぎゅ～っと握りしめていきます。

正義の味方が登場する場面と同じです。「怪獣め～許さん！」と言って、手をぎゅ～っと握りしめた後、正義の味方は変身します。そして、許せないその相手をやっつけます。

ただし、自分と同じように、我慢して、自分に厳しくしている人には優しくします。そうして、2人、3人とそんな人たちと力を合わせて、ヒーロー戦隊を結成します。

「人に優しく、自分に厳しく」は、「自分にちゃんと厳しくしている人には優しく」と形を変えていきます。

だから、ぎゅ～と握ったその手を、その心を、緩めないといけません。緩むから、握手できるのです。そして、それは、誰か他の人と握手をするのではありません。実は、大切な自分自身と仲直りをする握手なのです。

♣ 人に優しく、自分にはもっと優しく

自分に厳しくしている間は、「こんなにしてるのに」「我慢してるのに」と、「のに」が出てきてしまいます。

その「のに」は、やがて、「ダメ！」という禁止の「No《の》に」なります。

人は、自分に厳しくして、我慢している時は、自由にしている人や、周りよりも自分を優先している人を見ると、腹が立ちます。そんな人たちを嫌いになります。

自分がそんなふうに感じるために、

「ダメ、あんなことしたら嫌われる」

「ダメ、好かれるためには、こうしなきゃ！」

「認められるためには、気に入られるためには、そんなことをしたらダメ」

と、自分が何かやることも「Noに」していきます。

何をやっているかといえば、一所懸命愛されよう、好かれよう、認められようとしているのです。そのために、自分がやりたいことを我慢したり、本当の自分を抑えたりしていきます。その結果、自分を押し殺した、こんな自分自身が嫌になるのです。人に愛されようとして、自分が自分を嫌いになっていってしまうのです。

だから、まず、誰よりも一番に、自分が自分を大切にしてあげます。誰かに愛されるために何かをするよりも、真っ先に、自分が自分を一番に愛してあげるのです。そうやって、誰かではなく、大切な自分と仲直りの握手をするのです。

緩めるのは、他の誰でもない自分自身からです。だから、

「人に優しくしましょう」

の後ろには、こうつけ足してください。

「人に優しく、自分にもっと優しく」

と。

実は、「許す」という行為は、自分にしかできません。他人に代わりにやってもらうことができないのです。

誰かのことで怒っている時、どんなに、誰かに、「もう、許してあげたら?」と言われても、自分が許すと決めない限り「許す」という行為はできません。許せないと怒っている自分でしか許すことはできないのです。

許せないと握りしめた手を、緩めて、許すのです。

相手から何か言われたり、腹が立つのは、バカにされた、自分のことを悪く言われたと感じるからです。つまり、本当のワタシを勘違いされた、間違って認識されていると感じているた

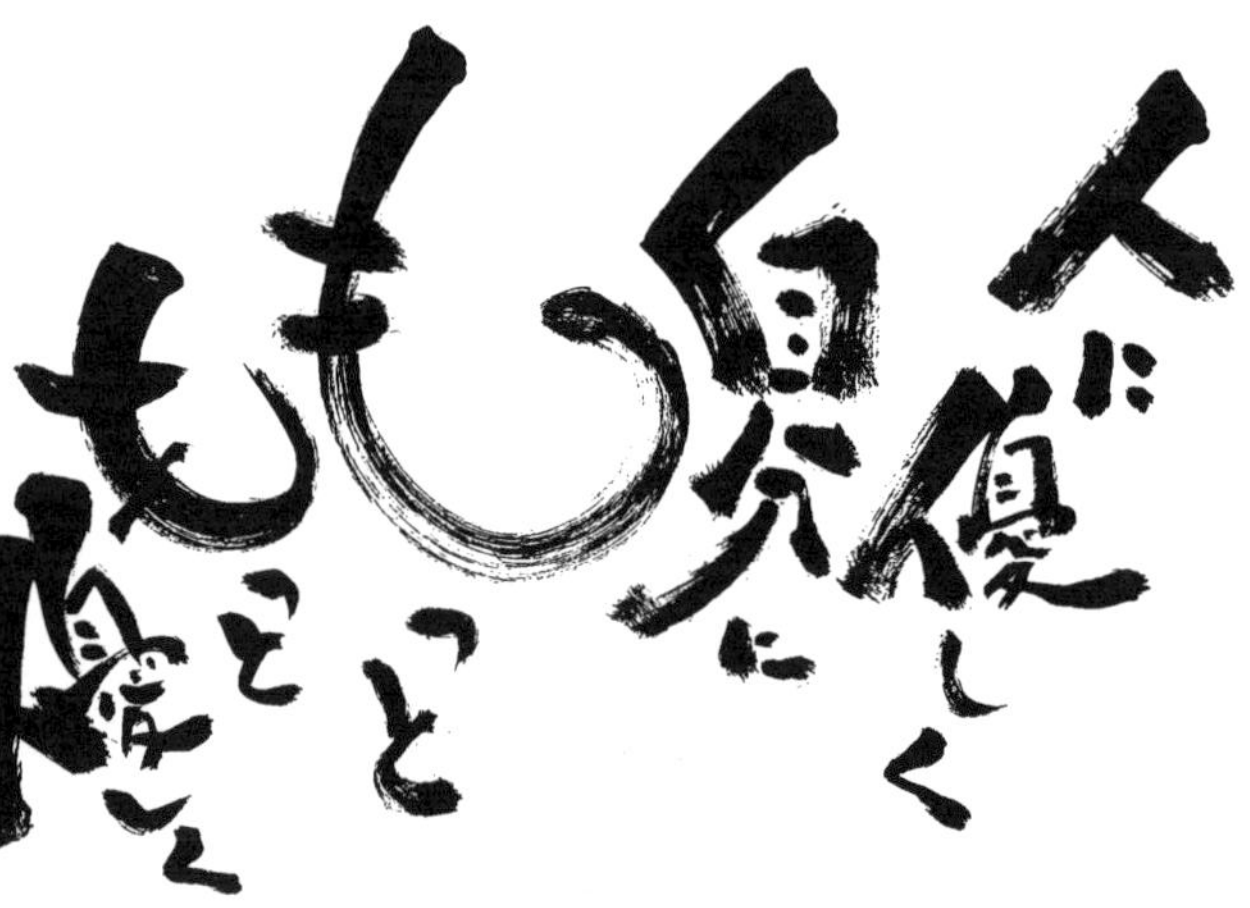

めです。だったら、その時に、

「本当のワタシを勘違いされた、間違って認識された」

と、そのことに注目して怒るのではなく、

「あ、腹が立つのは、バカにされたと感じるのは、本当のワタシはそうじゃないからなんだ。本当のワタシはそうじゃなくて、もっと素晴らしいワタシと感じているからなんだ」

ということに、目を向けてあげたら良いのです。相手が勘違いしようが、間違って認識しようが、本当のワタシの価値は何一つ変わらないし、下がることはありません。そのことに気づいて、相手を許して、相手に優しくしてあげて、さらに、もっともっと自分に優しくすることで、人は大きくなっていけます。

「許す」ことは自分という器を大きくすることです。許すということは、許し、容認できるということであり、許し、容認し、受け容《い》れられる量を許容量と言います。器を大きくするということは、この許容量を大きくすることなのです。

その許し、受け容れられる量を増やすためには、

「人に優しく、自分にもっと優しく」

ということが始まりになります。

だから、僕は、やりたいことや夢を実践することを推奨しています。自分自身のやりたいことや夢に気づいてあげること、やらせてあげることが、自分を許すこと、大事にしてあげることにつながるからです。

僕は声を大にして言いたいのです。

自分が自分の一番の「味方」でいてあげられる「見方」を持とう、と。

ワタシは素晴らしい

自分が自分の一番の「味方」でいてあげられる「見方」の魔法の言葉があります！

僕は実際に講演会で、みんなに声に出してもらっています。

せっかくなので、その言葉をお教えしましょう！　簡単です。ただし、読むだけでは効果は低いです。口に出して、言ってみてください。できれば、何度も。

それを約束する人だけにお教えします。それは、「ワタシは素晴らしい！」です。

本書で何度も出ている言葉です。この「ワタシは素晴らしい！」を講演の中で実際に声に出して言ってもらう場面があります。

すると、目から涙をこぼす方もおられます。また、くすぐったいような、照れくさいような、なんとも言えない感じがする人もいます。ただ口に出していくだけなんですが、不思議なくらい、みんなの体になんらかの反応が現れるのです！

で、それはなぜかってことなんです。

言ってみたら、体が震えた、涙があふれた、照れ臭くこそばゆい感じがした。それは全て、ワタシがそうであるから、反応するのです。中には、うれしくなる人、元気になるって人もいます。それぞれ反応は様々ですが、口に出して言ってみることで、自分の中にあるワタシが反応するのです。つまり、素晴らしいワタシなんです。

ところがどっこい、みんなそんな素晴らしいワタシがいることを忘れて、素晴らしくなろう、素晴らしくなろうとします。

で、努力して、自分を成長させようとして、高めようとして、頑張ります。でも、ここが罠！

素晴らしくなろうとすると、素晴らしいままでは素晴らしくなれないので、一旦、素晴らしくないワタシを登場させます。素晴らしくないワタシが必要になるのです。そうじゃないと、素晴らしくなれなくなるからです。

こうしてみんな、素晴らしくなろうとすることで、素晴らしくないワタシを出現させるというループにはまります。世の中の人のほとんどが今もこのメビウスの輪をぐるぐる回っています。

だからここで、自分が自分の一番の「味方」でいてあげられる「見方」をするんです。

どうして、素晴らしくなろうとするかと言えば、今、素晴らしくないと思っているからです。

優しい人が優しい人になろうとするのはどうしてかと言えば、優しくないと思っているからです。

つまり、素晴らしくないと思っているから、素晴らしくなろうとするんです。でも「見方」を変えてみてください。

どうして素晴らしくないと思っているかと言えば、本当のワタシはこんなもんじゃないと思っているからです。本当はもっと素晴らしいから、もっと素晴らしくなろうとするんです。素晴らしくないという、本来の自分と違うままにしておけないから、素晴らしくなろうとします。

つまり、自分自身が無意識レベルで、ワタシは素晴らしいと知っているから、素晴らしい自分自身になろう、いれるようにしようとしているんです。

あなたの中に素晴らしいワタシがいるから、あるから、素晴らしいと知っているんです。だから、素晴らしくなろうとするんです。

あなたは人間であろうとします。どうしてなのか。それは人間であることを知っているからです。人間だから人間であろうとします。

だったらそのまま、置き換えてみてください。

あなたは素晴らしくあろうとします。どうしてか…素晴らしいことを知っているからです。素晴らしいから素晴らしくあろうとします。

だから、やっぱりあなたは素晴らしいんです。あなたが素晴らしい「見方」を持っただけで、ずっと良き「味方」でいられるんです。

もう、信じてあげてください。あなたのために！

2 本音が本来の本当に素晴らしい「ワタシ」に再会させる

不思議なことに本音の夢しか叶いません

僕は、やりたいことや夢を実現させることをコンテンツにして「本来の素晴らしいワタシ」に再会してもらっています。やりたいことや夢の向こうにそんなワタシが待っていて、出逢うことができます。再会するということはもともとそこに、いたということです。

なぜ出逢えるか、なぜ再会できるのか、それにはこんな2つの理由があります。

一つは、「本来の素晴らしいワタシ」で生きていると、幸せで元気になれるからです。

そしてもう一つは、本音の夢だけがどんどん叶うという法則があるからです。

冒頭にも書いたように、本当のワタシはすごいんです。ところが、そんな自分にフタをして、いつの間にか、偽物の自分をみんな必死に生きています。

そして、本来の素晴らしい自分からどんどん離れていってしまいます。

僕は、本来の素晴らしい自分と、それとは別の偽物の自分になって離れてしまった距離のことを、不幸と言っています。元の自分から離れれば離れるほど不幸は大きくなっていきます。


セミナーに参加される方に、やりたいことや夢を語ってもらうことがあります。

夢を口にしてもらう時にお伝えしている大切なことをここでも紹介しておきます。ぜひ、これからの中で意識して実践してみてください。

「夢は口にした通りに叶う」という原理があります。例えば「痩せたい！」というと「痩せたい！」が叶います。分かっていただけるでしょうか。「痩せたい！」が叶うということは、永久に痩せないのです。「痩せたい！」が叶います。そして、あなたは、明日も、1ヶ月後も、3年後も、「痩せたい！」という状態が見事に叶います。

実は、世の中の人は、みんな夢を叶えています。「痩せたい！」「お金持ちになりたい！」「テストでいい点数ととりたい！」「結婚したい！」等々、みんなしっかり叶えています。

夢は口にした通り叶うのです。

だから、ぜひ、覚えておいてください。夢を口にする時には、「〜ます・ました」と口にしてください。「痩せました」「結婚します」と。こんな風に口にしてください。

さて、そんな風に語ってもらう時にこんなことがありました。

ある女性が、夢は

「素敵な男性と結婚することです！」

そう話されました。

ところが、僕は、その女性の発言にあまりエネルギーを感じなかったので尋ねました。聞いていくと、その女性は、親から結婚のことを言われていたり、周りからも結婚する方がいいとアドバイスされていたから、結婚した方がいいかなぁと思って、そう話したと言いました。

彼女は、結婚はしたことがあるけれど、離婚したそうです。一緒に人生を楽しめるパートナーは欲しいけど、それほど結婚には興味がなく、結婚そのものはどちらでもいいし、それ以上に、やりたいことをしたいと話してくれました。

だったら何がやりたいのかと尋ねたら、モデルになりたいと話してくれました。そこで、それを声に出して言ってみてくださいと言いました。すると、

「モデルになってランウェイを歩きました！」

そう彼女は叫びました。顔を真っ赤にし、目にいっぱい涙をうかべながら、清々しい顔で。するると、実際、数ヶ月後に、彼女はモデルとして、ウエディングドレスを着て、ランウェイを歩きました。あっという間に実現したのです。

結婚に興味がないのに結婚をした方がいいから…そんな自分を生きていた時は、偽物の彼女だったのです。ところが、その彼女が、本来の自分のまま、ありのままの夢を語ったら叶ったのです。元の自分へと、戻ったのです。つまり、本来のありのままの自分に戻ったから、元気で、エネルギーいっぱいになって、その夢を叶えてしまったのです。

元気とは、元のエネルギー（気）と書きます。本来の、自分に戻るから、元気になるのです。言い換えれば、偽物の自分を生きていたから元気がなかったし、エネルギーは発揮されなかったのです。

後日、彼女が教えてくれました。実は、彼女は、子供の頃、施設で育ててもらったそうです。そんなワタシがモデルになれるわけがないし、そんな夢を口にしてはいけないと考えていたそうです。だから、ずっと心の奥底に、モデルになりたいという夢を閉じ込めていたのです。そうして、結婚して幸せになる方がいいと、それほど思ってもいない偽物の自分を生きていたのでした。

20年間の教師生活でも、そんな子供たちをたくさん見てきました。中学3年生、進路を決めるときに、多くの子供たちが、自分が本当に行きたい進路をいうのではなく、親の顔色を伺ったり、親の気持ちを察して親の望む進路を選択していました。

時には、そんな心の奥を話す子供もいます。

「本当は○○高校に、美術の勉強をしに行きたいけれど、親が普通科に進めという…」

「本当は大学なんかに興味はないし、料理の勉強をしたい…だけど、親が大学は出ろという…」

たくさん出会ってきました。

ところが、その本心を親に話し、理解して、認めてくれた時、子供たちは様変わりします。今まで全く学習に身が入らなかった生徒が、真剣に努力しました。偽物の自分では頑張りきれなかったけれど、本来の自分に戻った時、もともと持っている力を最大限に発揮するのです。実際に、合格するのが難しいという合否判定を見事に覆す生徒がたくさんいました。

もちろん、ギリギリのチャレンジをして、不合格になる生徒もいます。でも、きっとあと少し時間があれば合格することが可能だったと思っています。

子供達が行きたいと願ったり、どちらにするか悩むのは、全て叶えることができるからです。子供たちはみんな、その高校に行くことができるから、行きたいと思うし、行くことができるから、行きたい高校のどちらを受験するかを悩むのです。叶えることができるから、夢が心に宿るということを子供たちから教わりました。

やりたいことや夢は、「自分自身が許可したことが実現する」ようになっています。自分が自分を素晴らしいと思えず、

「ダメだ、どうせ僕なんて」

と思っていると、そんな自分に許可が出せず、実現しないように動いていきます。しかも、不思議なことに本音の夢しか叶いません。だから本音の夢を言うことが大切なのに、自信がないと、本音でやりたいことや、夢が言えません。自信がないけど、ついつい背伸びをして、別に望んでもいない、かっこいいことを言ってみたりします。

また、逆もあります。本当は年収3000万円欲しいと思っても、自分にはできないと考え、叶えられなかったら恥ずかしいから、手の届きそうな、年収1000万円と控えめ

に言ったりします。

「控える」という字は扌へんに、空と書きます。その字の通り、「手」は「空」を切ります。偽物になって本音と違うことを言ったら、叶わなくなるのです。

どちらであったにしろ、本音が言えなくなってしまうのです。

偽物ではない本物の正体は、素晴らしいワタシです。そのワタシであることが大切な土台になります。許可が出せる、本音を言える、自信を持って、どんなことだって口にできるからです。やりたいことや夢を実現することをコンテンツにしている理由はそこにあります。

夢を叶えることがすごいのではないのです。心に宿った夢を叶えられるワタシが素晴らしいのです。そして、叶えることができるそのワタシが、本来のワタシです。夢を叶えることで、そんなワタシを生きていくことになり、そんなワタシであり続けるのです。

人はなぜ夢を持つのでしょうか？

ちなみに、僕の夢についての概念を紹介しておきます。

世間一般には、夢というものは「立てるもの、つかむもの、見つけるもの、叶えるもの」である、そんな概念です。

僕の夢の概念はその世間一般のものとは違います。立てたり、計画するものではなく、気づくものだと考えています。見つけるのではなく、思い出すものです。だから、気づいて、思い出して、しっかりと抱きしめてあげないといけません。そして、叶えるのではなく、叶うものだと考えています。

以前、小学生に、

「人はなぜ夢を持つのでしょうか？」

と質問されました。僕はこう即答しました。

「それは、その夢を叶えることができるからだよ」

それは、僕のそんな夢の概念があったからです。この概念は250回を超える、夢の予祝という実戦からできました（このことについての詳細はCDか講演で）。

そんな夢を叶えるために、「夢を書く」ということをします。僕は、夢を300個書いてみようと、お伝えします。なぜなら、成功者と言われる方は、夢や、やりたいことを300個書き出しているという話があるからです。

ところが、夢を書こうとした時に、中には、夢が書き出せない人がいるのです。いろんな原因があります。「いい意味で書けない人」もいます。

「いい意味で書けない人」とは、常に、やりたいことをどんどんやっている人です。わざわざ夢と掲げてやるのではなく、すぐに、やりたいと思ったら始めてしまうような人です。

そのため、夢は…と語る前に始めているので、夢と言う前に、すでにやっていて、現在進行形だったりするために、夢が出てこない人もいます。

「いい意味で夢が書けない」という人の共通点は、今を生きたいように生きていて、今すでに、やりたいことを楽しんでいる人です。

世の中の全ての人がそうなればいいのですが、そうでない人が多いのが実際です。多くは、今までやりたいことや夢を、

「自分には無理だから」「似合わない」「笑われる」「恥ずかしい」「お金がかかる」「歳だから」

等々、いろんな理由をつけて、我慢して、フタをして、閉じ込めています。あまりにも、封印してきたので、したいことが、何層にも重なり、地層のようになっています。やりたいことが奥深くに埋まってしまってわからなくなっています。だから書けないのです。

僕はそうやって、したいことを埋めて隠すことを「したい遺棄」と呼んでいます。ある

意味、犯罪です。だって、本当の自分は、それをしたいと思っているのに、埋めて隠して、殺しているんですから。だから、未だに、そうやって埋めて隠したものが、ゾンビみたいに出てくるんです。そして、何度も、したい、やりたい、と思うのです。

ただ、ミルフィーユみたいに何層にも重ねてしまっているので、下の方にあるものはわかりません。だから、そういう人は、小さなことでいいので、それこそ、○○のパンケーキ食べたいとか、昼寝をしたい、出前を取る…など、なんでもいいので思いつくまま、やってみたいことを一つひとつ書き上げ、できることからやっていくと、取り戻していくことができます。

反対に、やりたくないことを書き上げていくほうが、見つかる人もいます。やりたくないことを書き上げて行くうちに、やりたいことにたどりつくので、なかなか書けない人はそちらも試して見てください。どちらも、とにかく書き上げることで、客観的に自分の本音に気づくことができるのです。

夢はあの日、自分で隠して、わからなくなって、探している宝物なのです。

3　100円の女

娯楽には100円しかかけてはいけない！

夢を通して見えてくる「許可」が出せないパターンを紹介します。

小さなことですら、なかなか書くことができない、出てこない人がいます。そんな人はまさに自分に許可が出せない状態になっていることが多いです。

いざ、夢を書こうとしても、どうしても書けないのです。なぜ書けないかというと、「ワタシが（ワタシみたいなものが）こんなことをやってはダメだ、こんなことをやって許されるはずがない」

と、思い込んでしまい、その結果、許可してあげられなくなっているからです。

僕は、かつて「100円の女」という方にお会いしました。

その方は、子育て中のお母さんです。彼女は、娯楽には100円しかかけてはいけないと思っていました。

だから本を買う時は、いつも古本屋に行きます。そこで、100円の本を買うのです。そのため、欲しい本があっても、古本で100円に下がるまで買いません。

「千数百円する本を買うなんて信じられない」

と思っています。

そんな彼女が、ある日、ある一冊の絵本を見つけます。とても素敵な絵本で、すごく気に入ったそうです。ところが、その絵本は1500円しました。その絵本が古本として100円で売られることはないと、彼女自身も思っていました。

絵本は一度読んで終わりのものではなく、手元に置いて、何度も何度も読むため、古本として売る方がほとんどおられないのです。だけど、せっかく見つけた、こんなにも気に入った絵本です。手に取って、眺めては戻し、戻しては眺めを繰り返していたそうです。

しかし、彼女はここで決心します。勇気を出して歩き出します。レジへ向かったのではありません。一緒に本屋に来ていた、旦那さんの元に向かうのです。そして、勇気を振り絞って、言ったそうです。

「か、買っても、いいかな？」

と。

旦那さんの答えは一言でした。

「買えば？」

旦那さんからすれば、そんなこといちいち確認するようなことでもないし、欲しかったら買ったらいいじゃないかという感じです。

ところが、勇気を振り絞って聞いた彼女。その時は、ひたすら、どこかで、

「買ってもいいよ」

と言ってくれる旦那さんの言葉を期待しながらも、ドキドキして言ったのです。

「ダメだと言われたらどうしよう」

「『こんなのいるの』と言われたらどうしよう」

「高いって言われるんじゃないか」

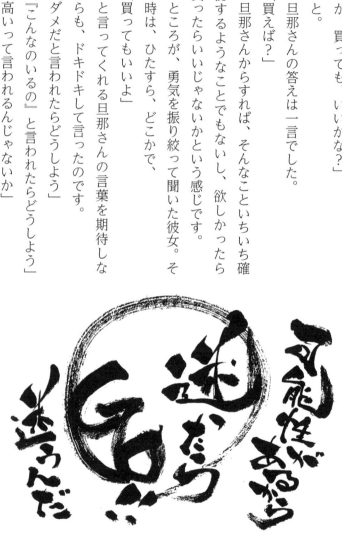

「買ってもいいって言ってくれなかったらどうしよう」

等々、こんな不安をいっぱい抱えていたのです。

「許可してもらえなかったらどうしよう」

と悶々とし、
そして、気がつきます。結局は、「許可」していなかったのは、誰でもなく、自分自身であったということに。

やる前から、うまくいかない、失敗する「言い訳」を口にする人は、こんなことして「いいわけがない！」と思っています。（「言い訳」はあるのに。笑）どこかで自分に許可を出していないのです。

今回、彼女は、どうしても欲しい本であったからこそ、勇気を出して聞くことができました。しかし、自分で許可を出せなかったために、旦那さんの「買ったらいいよ」という許可してもらう言葉を待ったのです。自分で許可を出せないから、誰かの許可を求めたのです。

♣明日は我が身の○○さん

これは彼女、「100円の女」さんに限ったことではありません。「1500円のランチさん」もいるかもしれません。「ビールさん」転じて「発泡酒さん」かもしれません。「服は○○○○でしか買わないさん」かもしれません。「タイムセールのお肉さん」かもしれません。

高級なもの、高いものを選べばいいとかではありません。

「本当は、時には、注文したいのに、買いたいのに、本当は欲しいのに・・・・」

そんな本音に「許可」を出していない時はありませんか？　ということです。

したいのに、欲しいのに…という、のにを、NOにしていませんか？

「のに」の義理兄弟「でも」

「のに」が出てきたときは、「のに」の前を見てやるといいんです。

注文したいのに、買いたいのに、欲しいのに、と出てきたら、「のに」の前を見ます。

注文したい、買いたい、欲しい。これが、本音です。この本音を押し殺すために、のに、をつけて、Noにしてしまうんです。

この「のに」には義理の兄弟がいまして、「でも」さんと言います。この「でも」さんの前にもやりたいことや、夢がついています。

例えば、「ハワイに行きたい。」そこで、そのやりたいことや夢を語ればいいのに、ほとんどの人は、夢を語るのではなく、「でも」をつけて、できない理由を語ります。

でも、そんなに休み取れないし。

でも、7人家族でお金もかかるし。

でも、高齢のお母さん一人残していけないし。

でも、息子が受験だし。

でも、水着が合うかどうかわからないし。

もう、いろんなわけのわからない理由まで並べて、できない理由を語ります。

まさにみんな「でも」行進を始めます。でも…、でも…、でも…って。本来のデモ行進は「○○はんたーい！」なんて言いながら、前へ進みますが、「でも」行進は一切前に進まず、その場で、でもでも言って、前に進みません。その場で足踏みをするので靴底が減ります。靴底だけではなく、心もすり減ります。

だから、「でも」行進始めたら、今すぐ、「ぜんたーい、止まれ！」って掛け声をかけて、止めてください。そして、その「でも」の前の、夢ややりたいことをいっぱい語ってみてください。

欲しい、行きたい、やりたいって言ってみるだけでいいんです。大丈夫、言うのはタダです。

4　忍びの者はア・ナ・タ

やってもいないのに、判決を下すのは誤審です

ぜひ、試しに300個、夢を書いてみてください。そして、その時、どんな夢を書いてもいいと「許可」することから始めてみてください。

人に見せなくていいです。どんな夢でも、やりたいことでも書いていいと、自分に許可を出してあげるのです。

主婦だからとか、病気だからとか、女だから、長男だから、お金がかかるから、こんな歳だから、運動神経が悪いから、似合わないからダメだ！　と思ってしまっても、書いてください。

「ノージャッジ！」です。判定せずに、思うままに書いてみてください。中には、すぐに、

自分の中に、自分を裁判する、裁判官を登場させる人がいます。判定しないでください。判決を下さないでください。

なぜなら、まだ何もやってもいません。やってもいないのに、判決を下すのは誤審です！　証拠もありません。なぜなら、まだやっていないからです。自分で自分を冤罪にしてはいけません。その行為が犯罪です。

「こんなこと思っちゃダメ」という人もいるかもしれません。でも、もしも、こんなこと思ったとしても、思ったことを一度、こっそりでもいいから書き出してください。心の中を掻き出すように書き出すのです。ぜひ、覚えていてください。思うことに「×」はつかないということを。

♣ 恥ずかしいことは意外と自分の本音であることが多い

書いてもいい。言ってみてもいい。その高価なカバンを買ってもいい。持ってもいい。食べ歩きしたいと思ったら、普段子供に「ダメ」と言っていたとしてもいいです。書き上げてみるのです。行けるいけない、お金があるないはそっちのけで、できるできないも気にせずに書いてください。

「ハワイに行く！」「エステを受ける！」「幻の○○を食べる！」

と書いてみるのです。ひょっとして、

「一番風呂に入る」「モーニングに行く」

こんなこと？　というものが出てくる人もいるかもしれません。それもオッケーです。大きい、小さいは気にする必要はありません。それに、やりたいことや夢は変わってもいいということも知っておいてください。

夢ややりたいことに、大きい、小さいはないのです。やりたいことや夢は変わってもオッケーです。

どんどん本音を書き出すうちに、次々ずっと奥底に埋葬されていた、隠していたものが出てきます。初めは、それがわからないから、上の方にある。わかりやすいものから出てきます。

しかし、どんどん掘り進んでいくと、ずっと下に埋められていたものに気づくことになりますから、変わっていきます。今、ふと思ったことや、思い浮かんだことを手当たり次第書いてみてください。

ひょっとすると、赤面するような、びっくりするような恥ずかしいことが出てくる人もいるかもしれません。

以前、こんな方がおられました。夢を語っている時に、急に、興奮して僕に向かって、その方は言われました。

「フカキヨ！ わかった。私、お姫様になりたい！」

びっくりしました。ところが、それをきっかけに自分がやりたかったことを仕事として始められました。自分を綺麗にすることも、人を綺麗にすることも大好きだったことを思い出したのです。「お姫様になりたい！」そんな恥ずかしいような思いかもしれませんが、そのことによって自分の中にあった本音に気がついたのです。

このように、恥ずかしいことは意外と、自分の本音であることが多いです。だから、「恥ずかしい」は「耳」に「心」と書きます。自分の心に耳をあてて聞いた本心のことだから、恥ずかしいのです。

そうして、どんどん自分の中から出てくるものを本音で書き出した時に、ある感情に気づきます。なんだか、嬉しくなるのです。楽しくなるのです。

それはなぜか。あなたは、今まで、ずーっと本当の自分の思いや感情を無視つづけて、見ないようにしてきたからです。だけど、本当の自分に目を向けて、書き出してあげたことで、自分の中にいる、本当の自分が喜ぶのです。今まで、そこにいたのに、ずっと無視し続けられてきた本当の自分が、

「やっと、気づいてくれた！」

と喜ぶのです。

「やっと、見てくれた！」

と嬉しくなるのです。

自分に許可を出してあげることとは、気づいてあげることであり、本当の自分を抱きしめてあげることです。一番大切なワタシに、やりたいようにやらせてあげることです。

ずっとそこに、辛抱して、忍んでいたのです。辛抱という字のごとく、辛《つら》さを抱き締めてきたのです。その辛抱して、「忍」んでいた、本当のワタシを、口にして、「言」ってあげる、出してあげることで「認」めてあげることになるのです。

そんな風に、自分に許可を出す、いいよ！　と言ってあげる、オッケーを出してあげる、そんな練習をしてみてください。

大切な自分を一番大切にするということは、自分が自分と約束することです。

5　好奇心は人生の羅針盤

瞳の中には童が住んでいる

自分の中からやりたいことを出してみると、子供のような自分を見つける人も多いでしょう。僕たちにはみんな子供の頃があります。みんな「元子供」出身です。

子供を見るとやりたいことに全力で、夢中で生きていることに気がつきます。まさに、好奇心の塊で、その好奇心の向くままに生きています。そして、一日を終えると、コテンと眠り、朝を迎えると、疲れはさっぱり消え去り、ウォーっとまた全力で一日を好奇心に従って走り回ります。

そんな毎日を全力で生きて、夢中に過ごし、そして、可愛く眠る子供の寝顔…それを見て、大人は「天使のようだ」というのです。

きっと、本当に子供たちは天使なのだと思います。この世の中に、何か大切な役割を持って、降りてきた天使です。

この世の中で果たす、その役割に向かって進めるように、常に心が進むべき道を示してくれます。その羅針盤こそが、好奇心なのです。好奇心の塊として生まれてくる小さな子供たちは、まっすぐその方向に、命を進めようとしています。

ただ、残念ながら、大人になっていく過程で、行く手を遮られます。簡単には行かせてくれません。数々の壁や、ハードルが現れ、羅針盤の通りに進めなくなるのです。人生という航海の中で、羅針盤が正しく働かなるように、好奇心は大人になるに従って、働きが鈍くなります。そのため、漂流するのです。

もちろん中には、幾つになっても、好奇心を持ち続けた、少年のような人もいます。まさに子供のように生き生きしているのです。疲れることも知りません。

好奇心はすごいのです。消えたように見せかけたとしても、今も、一つも色あせることなくあなたの中にいます。しかも、あの子供の頃のままいます。

だから、僕らは今でも、大好きなもの、わくわくするものを見つけます。あなたの「瞳」が今も、大好きなものを見つけているのです。だから、「瞳」の中には「童《わらべ》」が住んでいます。

心の中にも住んでいます。だから、僕らは、今でも大好きなもの、心惹かれるものを見ると、「憧れ」ます。心である、「忄《りっしんべん》」に「童」と書いて「憧れ」です。

惹かれるとは若い心と書きます。「心」の「若《ごと》し」ということです。心のようである、心のままであるが若《ごと》しだということです。だから「惹かれる」のです。

ちゃんと、自分の中にあるのです。

好奇心とは、「素晴らしい好む心」という意味です

好奇心とは、不思議なもの、変わったものに、心惹かれる、好むという意味です。ですが、先人はこの好奇心という言葉に大切なメッセージを残してくれました。

実は、好奇心の「奇」とは、ここでは「素晴らしい」という意味があるのです。綺麗は、奇麗とも書きます。

どちらも同じ意味です。この、奇麗と同じく、好奇心の「奇」とは「素晴らしい」という意味なのです。つまり、好奇心とは、「素晴らしい好む心」という意味です。あなたが、この世で果たすべき役割をちゃんと示してくれている素晴らしい心なのです。

そして、「奇」を見てください。「大」きな「可」能性と書かれています。そこに、「好《よ》」きと書きます。好奇心とは好《よ》き素晴らしい大きな可能性の心なのです。

好奇心は決してなくなることはありません。眠っているだけです。いつだって、動き出します。だってみんな元子供出身ですから。

やりたいこと、心惹かれること、瞳が見つけること、憧れること・・・・・。

今もたくさんの合図を送ってくれています。それは、魂からの合図でもあります。魂は、楽しいという合図を送って、僕たちにいつも思い出させよう、気づかせようとしているのです。魂からの合図です。間違いありません。正しいのです。魂からの楽しいという合図は、正しい合図なのです。

ほら、「楽しい」「魂」「正しい」ってよく似た響きをもっていて似てるでしょ。同じ言霊を持っているのです。好奇心と共に、楽しいと感じることは止めちゃいけないのです。

魂は楽しいという合図で、正しい合図を送ってくるのです。

第3章
僕らはみんな生き「ている」

1 天国と地獄

「自信」がないから「自身」がない

自分に許可を出せない人は、そもそも、自分なんて、と思って生きています。そう思っているから、自信が持てないのです。しかも、そんな自分自身だから、「これがワタシです！」と言えません。「自信」が持てないから「自身」が持てないのです。そんなワタシだから、許可を出せない、もらえないと思っています。

ところが、許可を出せる人はやりたいことや夢を、自由に書くことができます。自分に自信を持っています。しかも、その自信に、根拠や理由なんてありません。根拠も理由もないけれど、自信があるという自身です。だから自信は、くずれることがありません。自身にゆらぐことなく自分に許可を出せるし、他の人を頼ることもできます。

♣天国と地獄は紙一重の違い

人はそんなふうに、大きく2つの世界に分かれて生きています。正確には、同じ世界の中に2つの世界がある状態です。地獄と天国に似ています。そもそも、天国や地獄は同じ世界にあります。同じ世界に天国と地獄という2つの世界があるのです。

どちらも、食べ物が豊富にあって、何不自由ない世界です。食べ物は大きな鍋で用意されています。食べる時にはその大きな鍋からすくって食べます。そのため、4mほどの、長いスプーンが各自に渡されています。大きな鍋からすくって食べようとするのですが、そのスプーン、すくうのには便利ですが、食べる時には、やや不便で、4mもあるため口に運べないのです。そんな世界に住んでいます。

ところが、この後、本当の天国と地獄が発生します。みんな、自分に渡された4mのスプーンでなんとか食べようとします。しかし、周りの者の長いスプーンが邪魔です。柄の部分が顔に当たってきたり、こちらがすくおうとしているスプーンに当たります。だから、他人のスプーンを邪魔だと弾いたり、どけろと、揉め事やいざこざが起きます。

また、それぞれ必死に食べようとしているから、とってくださいと他人に頼むのも悪いと考え、なんとか自分一人の力でスプーンを使って口にしようとします。ところが、自分でなんとか、自分でどうにかしようとするあまり、その長いスプーンは、周辺の人にぶつかったり、当たりそうになったりして、周りの人に迷惑をかけます。そのたびに「ごめんなさい、ごめんなさい」とあやまります。そのうち、迷惑をかける自分が情けなくて許せなかったり、逆に迷惑をかけてくる他人が許せなくなったりします。そんなことが渦巻いている状況です。これこそ、まさに「地獄」です。

一方で、最初から他人の力をかりて、迷惑もかけながら、頼りあっていく世界がありま す。どうやっても、自分の口にスプーンを運ぶことができないので、他の人に、

「食べさせてもらえませんか?」

とお願いするのです。頼まれた人も、同じように苦労しているわけですが、頼まれたので、

「いいよ!」

と引き受けて、その人の口元に自分のスプーンで運んであげます。その時、それを見ていた周囲の人も、自分のスプーンを動かしたのでは、邪魔になるので、じっと待ちます。こうして、たくさんの人に迷惑をかけながら、いや、たくさんの人の力を借りながら、そのおかげで食べることができるようになります。

そして、自分が食べ終わると、

「おかげさまで、食べることができました」

と言って、今度は自分が他の人が食べるのを手伝います。

ここでは、迷惑をかけたり、頼ったり頼られたりすることを、お互いに許可し合っています。もっと言うならば、

「頼ってもいい」

と自分自身にも許可を出せているのです。何もかも受け入れ、許し合う、まるで、「天国」のような世界がこうして誕生します。全く同じ世界で繰り広げられていることなのですが、こうも違うのです。

♣天国にするも地獄にするも自分自身

この世の中も同じです。同じ世界で、同じ言葉をもらって生きていても、2つの世界が発生するのです。例えばある人が、

「頑張ってるね〜」

と声をかけたとします。それに対して、

「嬉しいなぁ、頑張っていることをちゃんと認めてくれてる！　よ〜し！」

と前向きに受け取って、その言葉を励みにする人と、

「頑張ってるね〜」

と声をかけられると、

「フン、どうせ頑張ってるねって褒めておけば、さらにやる気を出すとでも思っているからそう言ったんでしょ。褒めて、おだてて、その気にさせようたって、そうはいかないから！」

とひねくれて受け取る人もいます。

それこそ、ある人から、

「かわいいね！」

あるいは、

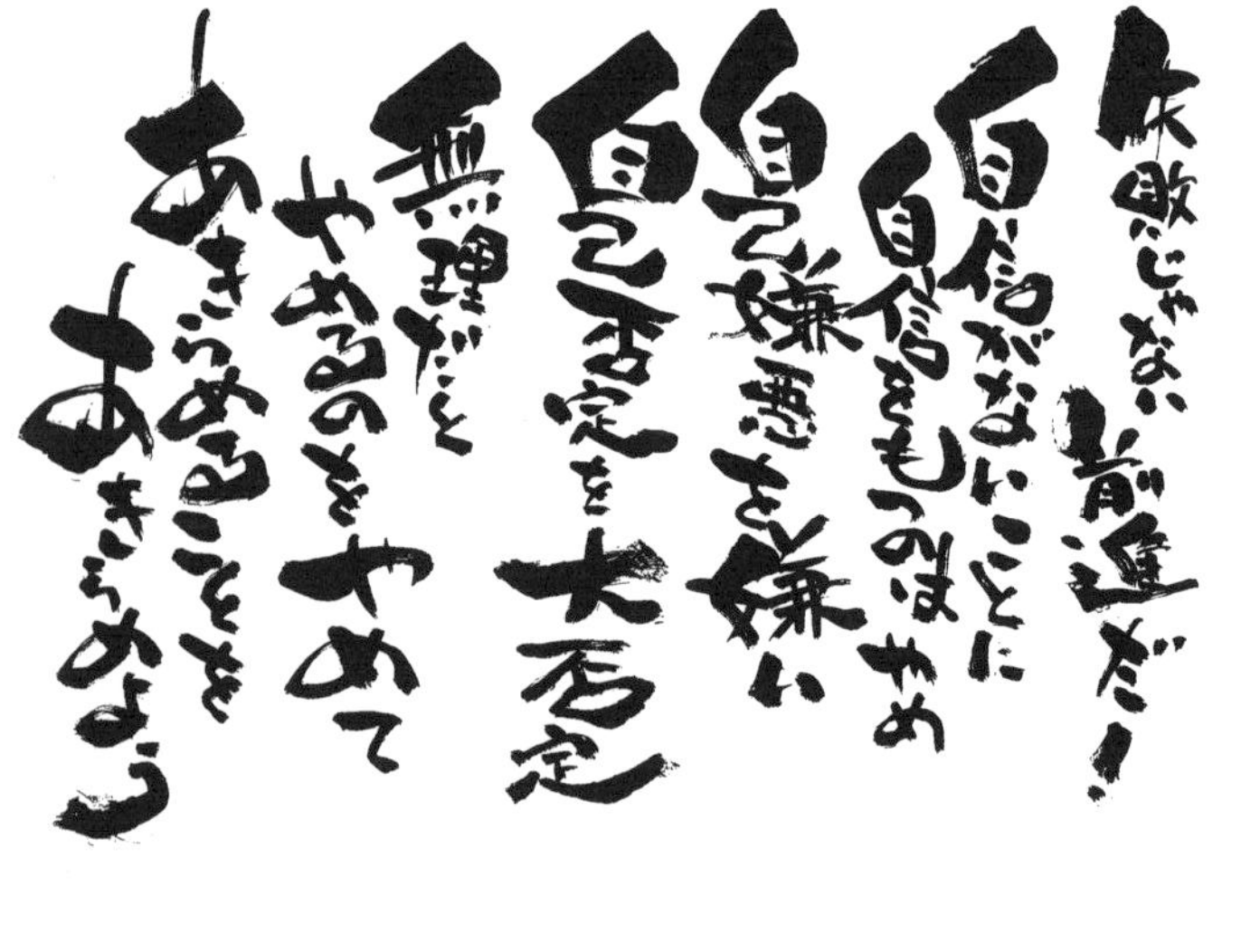

「ハンサムだね！」

と言われて、

「ありがとう！」

と素直に喜ぶ人もいれば、

「思ってもないくせに・・・・」

と受け取る人もいます。

このように同じ言葉を受けても、同じ空間にいても、「天国」と「地獄」が生まれるのです。

同じ世界にいながら「天国」の世界になる人は、自分のことを素晴らしいと思っています。「地獄」の世界になる人は、自分のことをダメだと思っています。

天国にするも地獄にするもＭＡＤＥ ＩＮ ＭＹＳＥＬＦ。自分自身なのです。

2 晴れ女・雨女

妄想はもうそうなります

自分は素晴らしいと思っている人は、ひょっとして、妄想かもしれません。でも、それでもいいのです。妄想は、言葉の通り「もうそう」なります。

自分のことを素晴らしいと思っているので、許可が出しやすくなっています。そのため、自由にいろんなことを始めたり、やりたいことができます。それこそ、失敗もできます。失敗することを恐れていないのです。失敗する自分ですら、素敵だと思っているかもしれません。だから、チャレンジもでき、失敗しても大丈夫という安心があります。「運がいいからなんとかなる！」と根拠のない自信まで持っていたりします。

ところが自分のことをダメだと思っている人は、自分にはそんなことする資格はないと決めつけて、自分自身に制限をかけます。そうして、不自由にし、人一倍、遠慮もします。自分がそんなことを受けてはいけないと考えています。

失敗したら、怒られそうだから、嫌われそうだからということで、とにかく失敗を恐れます。だから、挑戦することにはいつも躊躇します。そのことをいつも気にしているので、不安でいっぱいです。過去や未来を見ては、くよくよしたり、心配します。あの時の後悔を今も握りしめていたり、この先のことも、悲観的に考えたりします。常に、失うことへの怖さを抱えています。

こちらも、実は、妄想です。妄想でしかないのですが、「もうそう」なりそうと悪い妄想で日々、埋め尽くしているのです。


それこそ、素晴らしい妄想をする人は「晴れ男、晴れ女」であり、ダメな悪い妄想をする人は「雨男、雨女」です。

晴れ男、晴れ女さんは、晴れた空を見てこう言います。

「ほら。晴れた。僕、晴れ男だから、いつもどこか行く時には晴れるんだぁ」

雨男、雨女さんは、雨でも降ろうものならこう言うのです。

「ごめんなさい、僕、雨男なんです。いつも何かあるときや、出かける時は雨が降るんです。今日も、僕のせいで雨降っちゃって、ごめんなさい」

と。雨が降ったのは、僕の責任だと思うのです。もし、それが本当だとしたら、雨男、雨女さんの周りではいつも、災害が発生していることでしょう。いや、晴れ男、晴れ女さんの周りでも、日照りや干魃《かんばつ》で日々、大変なことが起こります。

そんな、両者も、小学校の時は一緒に、集団登校などをしていたはずなのです。両者に、どんな天気だったか聞いてみたいものです。

ただ、晴れ男、晴れ女さんには、天災的なことは発生しないのですが、天才的なことがあらわれます。晴れ男、晴れ女さんは、雨でも降ろうものならこう言います。

「誰？　この中で、雨男、雨女は！」

と。雨が降ったことでさえ、自分のせいではなく、誰かのせいだと考えるのです。そんな天気模様を楽天というのかもしれません。

♣ ずっと雨女・雨男のままでいたい

雨男、雨女さんのように、ダメな妄想の世界で生きている人は、常に、自分が迷惑をかけないように、気をかけています。

「もしも、迷惑かけたらどうしよう」

「もしも、怒られたらどうしよう」

「もしも、嫌われたらどうしよう」

だから、そうならないように、いつも必死で頑張っているのです。

また雨男、雨女になって、無意識レベルで雨が降ることを願ってることもあります。そうでないと自分で自分のことを雨男、雨女と言えなくなるからです。雨男、雨女であるためには雨が降らないと困るのです。

ここが大切なポイントです。雨が降って、「雨男です」と言えることが重要なのです。そうであったほうが、周りから優しくしてもらえます。

雨が降ったら言います。

「僕のせいでごめんなさい」

そう言うと、周りの人が、そんなことないよと優しくしてくれます。別に気にしなくていいよと声をかけてくれます。申し訳なく思っている雨男さんを気にしてくれます。実は、そうすることで、その自分に注目が集まり、気にかけてもらえる時に、雨男さんは幸せを感じられるのです。そのためには、雨男、雨女でいるほうがいいのです。

逆に、褒めてもらうことで、認めてもらうことで幸せを感じようとする人もいます。そのため辛い目に自分を置いてまで、頑張ります。僕はダメだと思って生きているから、必死に背伸びもしてよりよく見せようと頑張ります。必死に踵《かかと》を上げて、背伸びして。

そして、周囲から、

「頑張ってるね！」

と褒められます。そしたらもう、その踵は降ろせなくなるのです。踵をあげて褒められたものだから四六時中、踵を上げて、背伸びし続け、褒められたその必死のワタシでいるしかなくなります。その踵をつけたら、嫌われると思っているからです。

こうして、愛されよう、認められようと、常に頑張り、踵を上げているこのワタシができあがります。そして、気を抜いて、踵をつけてしまったら、嫌われるに違いない！　とまた、ダメだと信じているワタシはがんばります。ずーっと不安がおいかけてくるのです。このようにして、常に、この先に起こるかもしれない、自分が引き起こすかもしれない失敗を、妄想し続けるのです。

本当は、わざわざ、変な技をかけて自分を痛めつけなくてもいいのに…

僕らは魔術師

僕らが普段何気なくかけている言葉、それは魔術のように相手に影響を与えることがあるって知ってます？

「頑張れ！」「頑張ってね！」って相手を励ますためにかけた言葉は、相手の心に火をつけてより一層、気合が入ることもあります。ところが、良かれと思ってかけたその励ましの言葉が、逆に、相手の気持ちを萎えさせてしまう場合があるんです。

「えー、こんなに頑張ってきたのに、まだ頑張れっていうの？　もうこれ以上頑張れないよ！」

「え、頑張れってことは、まだ頑張れてないってことかなぁ…」

こんなふうに働いてしまうことがあるんです。つまり、言葉は白魔術にもなるし、黒魔術にもなるんです。

「(顔色良くなさそうに見えるけど、) 大丈夫？」

こう声をかけ、心配し続けられると、一見、気にかけて励ましてくれているようですが、実は黒魔術となってじわじわと効いてきて、実際に調子が悪くなることがあります。

「今日も元気そうね！」

そう言われると、多少、調子が悪くてもその白魔術の言葉にかかり、元気に動き出せたりします。

なんなら、一日中、「大丈夫？」と声をかけ続けることと、「元気だね！」と声をかけ続けることをやってみると如実に違いがわかります。

僕たちは実は日常、山のようにこうした黒魔術、白魔術を浴びています。そして、同じく浴びせかけてます。

実は病気の発生にも関係しているんです。

花粉症。ひょっとしたらこの言葉を聞くだけで、過敏な方は反応が出るかもしれません。その花粉症が増えるのはいつでしょう？

そう聞かれたら、そりゃあ、スギ花粉が飛び出す頃だろうと答えてくれるかもしれません。ところが、実は、花粉症の人が増えるのは、テレビで、「花粉の飛散が増え出します」とか「花粉が飛び出しました」というニュースを聞いたり、CMであの花粉がブワーって飛び出す映像が流れ出したのを見たりした時に、急増するそうです。

現に、年間いろんな花粉が飛んでいるんですが、やたら、スギの時に騒ぐから、その影響を受けるのです。みんな気にしすぎるんです。

インフルエンザも同じです。「インフルエンザが流行しだしました」「インフルエンザに気をつけてください」という言葉によってみんな見事にかかるんです。

熱中症も、「今日も気温の高い一日になります。こまめに水分をとって熱中症にお気をつけください！」

この手の言葉の情報が飛び交う量に比例して増えていきます。

ただ、これまた難しいもので、だったら気にしないでおこうとしても、気になるんです。気にしないでおこう、気にしないでおこうとしている時点で、もう十分、気にしているんです。

「気にしないでください」

こう言われると、ますます気になります。昔話に出てくる数々の主人公はこの魔術にかかっていきます。

「絶対に見ないでください」

「絶対に開けてはなりません」

「絶対に人には話してはいけません」

それぞれの物語がどうなったかはご存知の通りです。

で、そんな物語を知っているはずなのに、僕たちも日常同じことをしていきます。

「勉強をしなさい！」

これはどうも、黒魔術に働くようで、こう言われて勉強時間がどんどん増えていく子はいません。ところが、同じ指示のように聞こえるこの言葉は、逆に働きます。

「ゲームばっかりしてはいけません！」

こう言われて、ゲームの時間が減っていく子はいないのです。勉強は親の目がある時にはやりますが、親の目がなくなったらやりません。ところが、「してはいけません！」と言われたゲームは、親の目がなくても進んでやります。何時間でもします。夜中までだってやります！

むしろ、布団の中で隠れてでもやるんです。

ではどうすれば、いいのか。答えは簡単です。逆にするんです。

「勉強なんてしてはいけません！」

こういうと、不思議なことに親の目を盗んででも勉強します。これ本当です。「勉強なんてやってても意味がないから手伝え」「勉強なんてしなくていい」「大学なんて行く必要ない！」

こう言われれば言われるほど、勉強をやりたくなるんです。

「もっと一生懸命ゲームをしなさい！」

こういうと、不思議なことに、ゲームの時間が短くなります。そこですぐに言うんです。

「何してるの！　大好きなゲームを休むんじゃありません！　まだ寝るまでに時間があるからもっとやりなさい！」

さらに、ゲームをやっていない時を見つけるたびに、

「何さぼってるの！　ゲームは？　とっととゲームに取り掛かりなさい！　休むなんて許さないからね！」

って言います。まだまだここで手を抜いてはいけません。言ってあげてください！

「コラ、もっと集中してゲームしなさい！　気を緩めちゃダメ！　勉強してる暇があるならゲームしなさい！」

ぜひ、お試しください。ゲーム嫌いの子が出来上がります（笑）。

結局は、こんなふうに僕らは嫌いになることを作っていたのかもしれません。本嫌いになる子の主な理由は、本を読みなさいと言われることや、この本がいいから読みなさいと勧められることからきています。

どうも僕らは魔術師のようです。その言葉を使って、たくさんの人や子供を操っているようです。でも覚えていてください。黒魔術も白魔術も使えます。どっちにもできるんです。

3 黒魔術の「教科書」

笑うだけで周囲が幸せになる

自分は素晴らしいという世界と、自分はダメだという世界の違いは、何なのでしょうか。生まれてきた時はみんな、ワタシは素晴らしいという世界にいます。一人の例外もなく、その世界から始まります。

そのワタシで生きることこそが、私たち人間が生きて行くために必要なことだとご存知でしょうか?

不思議なことに、この世の中に、存在するありとあらゆる生き物は、生きて行くために必要なことを、それぞれちゃんと持ってこの世に誕生します。

例えば、四つ足動物。四つ足動物は生まれるとすぐに、自分の足で立ち、歩き出そうとします。これはどうしてでしょうか。

もしも、じっとしていたら、何か他の動物に襲われ食べられてしまいます。餌になってしまうのです。また、自分で立って歩いて草や、水を手に入れないと死んでしまいます。四つ足動物の世界では、立てない、歩けないということは死を意味します。つまり、立って歩くということは生きて行くための絶対条件なのです。

その生きて行くために必要なことを、四つ足動物は、親から教わるかといえば、教わることはありません。誰に教わるまでもなく、生まれてすぐに、足を震わせながら立ち上がります。それは、生まれてくるときすでに、生きて行くために一番大切なものをちゃんと持って生まれてくるからです。

鳥はどうでしょうか。鳥は、生まれてくるとき、自らたまごの殻を割って出てきます。それよりも前に、何かによって殻を割られると、鳥は死んでしまいます。かといって、いつまでも殻を破ることなく、閉じこもっていては生まれることなく死んでしまいます。人間に置き換えたら、殻を割るというのは勇気のいることです。

僕たち人間は、自分の殻を破ってみろと言われても、簡単にできるものではありません。ところが、鳥たちはその勇気あることを、生まれる一番初めにやってのけるのです。だからでしょうか、その後、とんでもないことをしでかします。卵から生まれ、ある程度大きくなると、ある日、突然、一回も練習することなく、巣から飛び立ちます。一度も飛んでみたことがないのに、何メートルもある高いところから、飛び立つのです。人間で言えば、ビルの10階から飛び降りるようなものでしょう。そんな勇気あることをやってのけるのは、生まれてくるときから、自分の殻を割る勇気を持っていたからです。

このように、不思議としか言いようがないのですが、それぞれこの世界で生きて行くために必要なことは、必ず最初から持って生まれてきています。

それは人間も同じです。では、人間は生まれてくるとき、生きて行くために必要なこととして何を持って生まれてきたのでしょうか。

人間は生まれてきたとき、何をするかと言えば、泣きます。泣くんです。

それからどうするか。泣きます。そして、また泣きます。

人間は泣くだけで、何もできないのです。そんな不完全な状態で生まれてきます。ではいったい、生きて行くために必要なこととして、どんなことを持って生まれてきたというのでしょうか。実は、人間もちゃんと生まれ持って出てきたのです。

人間は泣くだけで何にもできません。何にもできないから、

「人と繫がって生きて生きなさい」

「誰かの力を借りて生きて生きなさい」

という大切なことを持って生まれてきたのです。手伝って、助けてと言いなさい、他人の力を頼りにしなさいということです。迷惑をかけてもいい、いろんな人のおかげで生きて行くことが大切なんだということを、生きて行くために必要なこととして持って生まれてきたのです。

そして、もう一つ生きて行くために必要なことを持って生まれてきます。

生まれてきたときは、ただ泣くだけで、何にもできません。何もできないのです。ところが、そのただ泣いているだけの、何もできない我が子を見て、親は言います。

「あなたがそこにいてくれるだけでいい」

「あなたが元気にいてくれるだけでいい」

と。ただそこにいるだけで、とんでもなく、そこにいる人たちを幸せにしてしまいます。

ましてや、ニコニコっと笑おうものなら、

「笑った、笑った」

と、覗き込むおじいちゃん、おばあちゃんをとんでもない幸せに引きずり込みます。

生まれてきたあの日、もうすでに、とんでもなく素晴らしい存在として人生が始まったのです。あなたはとんでもなく素晴らしいワタシでしかないのです。

だからでしょうか、生まれてきた時、嫌われる、怒られるなんて、気にすることはありません。遠慮もなく、おかまいなしに、泣き散らします。

寝たい時に寝て、やりたいことをやって、口に入れたいと思ったら目を盗んででも、口に入れます。

「お腹がすいた」

「オムツ気持ち悪い〜」

と泣き叫びます。気の向くまま「やりたい放題」です。場所も、時も選びません。空気も読みません。嫌われるなんて微塵も思わず、愛されている安心感の中で眠ります。人生を悲観することなど一切なく生きているのです。

「あ、ここで泣いたら、嫌われる」とか、

「オムツ汚したら怒られるからやめとこ」とか、

「こんな時間に泣いたらお母さん悲しむからガマンガマン」

と気にすることはしません。

生まれてきたあの日からしてきたように、人の力を借りて、人と繋がって生きていけばいいのです。そして、もう生まれてきたその瞬間から、とんでもなく素晴らしいワタシなのだから、そのままで、人に頼り、迷惑をかけてもいいのです。そんなワタシでいいと、許可をしていいのです。

♣パンダが教科書を見てシロクマになろうとしている

ところが、いつからか、そんな素晴らしい存在のワタシに、この世の中で生きていけるようにとわざわざ手渡されるものがあります。それが、言われのない、常識や普通と呼ばれるものが書かれた、「教科書」です。

いろんなことが書いてあります。

「みんな仲良く遊ばないといけない」

「喧嘩しちゃいけない」

「おもちゃは貸してあげよう」

「滑り台は一方通行で、順番に」

「お片づけする時間。ずっと一人で空を見てちゃいけない」

「みんなで歌を歌うのがいい」

「ちゃんと座って話を聞かないといけない」

「行きたくないじゃない、保育園や学校に行かないといけない」

「忘れ物してはいけない」

「きちんと整頓できて、準備できないといけない」

「テキパキ動けないといけない」

「集中しないといけない」

　頑張っているのに、

「頑張ってない」

　と注意される。サッサとできないと笑われる。みんなと同じことを同じようにできないと

ダメだ。平均点以上の方がいい。お兄ちゃんとして。お母さんとして。大人なんだから。仕事は安定したものを選びなさい等々、教科書を通し、おびただしいタガがはめられます。教科書のことを満たせないままでいると、誰かが悲しい顔をします。だから、その教科書のことをきちんとすれば喜んでくれるような気がして、頑張るのです。

だけど、できなかったりすると、こう思います。

「（教科書通りに）できない、僕はダメだ」

と。生まれてきた日、あんなに幸せそうな笑顔を向けてくれた一番大好きなお母さんが、今のワタシを見て笑ってくれないのです。あんなに笑顔でワタシを見てくれていたお母さんが、怒ったり、悲しい顔を見せるのです。お母さんを笑顔にできないワタシは、笑顔にしようと、楽しませようと、笑わせようと、一所懸命、頑張ります。

以前ならそんなワタシを見て、

「すごいね！」

と言って、手を叩いて喜んでくれたり、笑ってくれたお母さんが笑ってくれません。それどころか、

「何やってるの！　早くしなさい！」

と怒るのです。だから、一生懸命、手渡された教科書に従おうとさらに頑張っていくのです。もしも、うまくできなかったら、うまくできなかった自分を責めます。そして思います。

「ワタシはダメなんだ」

と。そして、認めてもらえない代わりに、自分を責めて、ダメだと悲しい顔をします。そうすることで、みんなから優しくしてもらうのです。そのために、「ダメ」な人になりきって、みんなから、

「大丈夫だよ」

と、優しい声をかけてもらおうとするのです。

みんな、生まれてきたあの日の素晴らしい存在であることを忘れ、麻痺させて、感じられなくしてしまっているのです。

そのまんまで素晴らしいのに、素晴らしくなろうとして、どんどんダメなワタシになっていってしまうのです。

それはまさに、パンダが、教科書を見て、「あ、僕、あちこち黒い…これじゃいけない！」とゴシゴシ洗って、真っ白にして、シロクマになろうとするようなものです。

パンダが教科書を見てシロクマになろうとするからおかしくなるのです。パンダのままがいいのです。パンダだからいいのです。

それでも地球は回ってる

ガリレオが残した言葉です。もちろん、ガリレオは日本人ではないので、「それでも地球は回ってる」とは言ってなかったと思います（笑）。何語か知りませんが、ポルトガル語か何かで言ったのでしょう。

「それでも地球は回ってる」

僕はこの言葉が大好きです。地動説を説き、天動説を信じる人たちにガリレオは、地球が回っていることを言いつづけたのです。責められ続けても、なんと言われても…。今でこそそれは正しいとわかっているのですが、当時は信じてもらえませんでした。そうした中で、ガリレオが言った言葉です。

僕は、この「それでも」と言うところに真実があるのだと感じます。だから僕フカキヨは言うわけです。「それでもあなたは素晴らしい」と。

勉強できない。それでもあなたは素晴らしい。

勉強が得意。それでもあなたは素晴らしい。

障害がある。それでもあなたは素晴らしい。

障害がない。それでもあなたは素晴らしい。

そう言うことです。誰がなんと言おうと、あなたがなんと思おうと、「それでも」やっぱり素晴らしいのです。

誰がなんと言おうと、なんと思おうと、なんと言われようと、なんと思われようと、「それでも」地球が回っているように、あなたはやっぱり素晴らしいのです。

何か失敗した時。誰かと比べて何か思った時。なんだか自信がない時。つぶやいてください。

「それでもワタシは素晴らしい」と。

4「素晴らしいワタシ」を麻痺させるメカニズム

気づくとブラックコーヒーもビールも愛飲

「素晴らしい」ワタシであるのに、あったのに。そのことを忘れて、わからなくなって、気がつけば、麻痺してます。

それはまるで肩こりの症状と同じです。肩が凝り始めた時は、なんとなく凝ってきたことがわかります。最初は、肩が凝って、痛みを感じるのですが、徐々にひどくなっていくと、肩が凝っていることすらわからなくなります。

それで、時々、誰かが肩を揉んで、カッチカチで、パンパンになってることを指摘してくれます。そこで初めて、自分自身が肩が凝っていたことに気がつくのです。麻痺してわからなくなるのはそんな状態です。

僕らが麻痺していくメカニズムは食べ物の好みを見ればわかります。

生まれてしばらくしていくと、徐々に、いろんなものを食べるようになります。ですが、赤ちゃんは、苦いものや酸っぱいものを口に入れられると、ペッと吐き出します。それは苦いものには灰汁などが多く含まれ、酸っぱいものには腐っているものが多いために、そういったものを食べないようにする、自身を守るための防御反応なのです。

ところが、そんな防御反応を打ち破る「教科書」が与えられます。

「酢の物は体にいいから食べなさい」

と言われるようになります。食べないと怒られます。酸っぱいから嫌いなのです。給食に出たら、食べ終わるまで遊ばせてもらえません。ところが、それほど酢の物が嫌いだったはずなのに、大人になったら、好んで食べるようになるのです。

中学生の頃、

「コーヒーを飲めるとかっこいい！」

と思ってチャレンジします。やがて、砂糖もミルクも入れずに、ブラックで飲む男の子があらわれます。

「俺、ブラックで飲めるぜ！」

と自慢しながらも、最初は美味しいなんて微塵も思いません。大人への苦味を噛み締めるのです。ところが、気がつくと、

「朝はコーヒーから」

と、習慣になり、好んで飲むようになるのです。

「ビールを飲み、仲良くなろう！」

それが大人の付き合い、飲めた方がいいと思います。子供の頃、大人が美味しそうに飲む、あのビールを口にした時、こんな不味いものを大人はどうして美味しそうに飲むのかと疑問に思ったものでした。

ところが、そのビールを好んで飲んで、いまでは、酔っ払って、武勇伝を語り、若かりしあの頃に浸る人もいます。

赤ちゃんの頃「ペッ！」と、吐き出していたように、大人になった今、ビールを飲み干して、不満や愚痴を、「ペッ」と、吐き出しているのです。

どれも、初めは我慢して、食べたり飲んだりしていたのに、いつの間にか、麻痺して、口にできるようになったのです。

♧「お綺麗ですね」と心にもないことを言う自分

これは、食べ物に限ったことではありません。

手渡された、教科書によって、徐々に、麻痺して、取り入れることができるようになりました。最初はじっと我慢して座っていることはできませんでした。ですが、我慢して、座って、好奇心をフルスロットルで命を思いっきり生き切ろうとしました。興味のあることに、て、ちゃんと話を聞くことを身につけさせられます。

テストは大嫌いです。しかし、頑張るべきだと言われ、努力は報われると教わり、我慢して励むようになります。しかし、報われないと、むくれてしまいます。

体調が悪くても、休んではいけないと思い、迷惑をかけてはいけないと思い仕事に向かいます。

「嘘をついてはいけない」

と教わっていたので、女性の方に、素直に、

「おばちゃん」

と言ったところ、怒られたので、思ってもいないのに、

「おきれいですね」

と、いつの間にか口にできるようになります。

こうしたことを繰り返していると、感覚が麻痺して、心にもないことを口にすることが平気になります。

やりたいことを我慢して、やりたくないことを優先するものだということが身についてきます。

「（本当は）おかしいのではないか」

と思っていても、あの時、手にした教科書に従い、

「これでいいのだ」

と、自分を納得させるのです。

「仕方がない」

と諦め、痺れて、何も感じなくなります。そして、そうすることが、自分を認めてもらう方法だと信じてしまうのです。こうなるともう、立ち上がれません。痺れた足で立ち上がればひっくり返ります。足を投げ出して座り込むしかないのです。

同じ、しびれるのなら、自分の素晴らしさにしびれようではありませんか。

5　信じるものは「報われる」

好きなことをやって報われている人はたくさんいる

同じ世の中をくぐり抜けても、痺れて、麻痺することなく、本来のありのままのワタシを生きていく人もいます。しかも、そうした人たちは、不思議なことに教科書をクリアしたり、満たした人でないことが多いのです。

どちらかといえば、教科書を達成してきた人は、今も、その教科書通りにしないと、となんでもないことになる、大変なことになると信じています。そうしないと、嫌われる、怒られる、認められないと思っています。

教科書を達成した人たちは僕はダメだ（でないと、価値が下がる）。だから、素晴らしくなろうとしている側の世界にいることが多いのです。

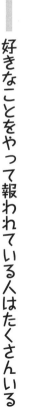

教科書を満たさなかった人はたくさんいます。

高校にはいくべきだ。高校に入っておいた方がいいという教科書に従わず、中卒の人もいます。しかし、多くの人が幸せな人生を生きています。

マジメに生きていたら努力は報われると信じて、今も、必死にやるべきことに人生を捧げ、ボロボロになっている人もいます。それなのに、好きなことを夢中にやっていたら、どんどん報われる人もいます。

不思議なのですが、好きなことを、好きなようにやっている人の方が、報われているように思えるのです。ところが、それを教科書を愛用する人は認めたくないから、

「もっと努力して、好きなことをやってるアイツよりも、俺は良くなるぞ！」

と頑張ります。

実は、大好きで、楽しいことを選んでいる人ほど、「報われる」のです。

世間では、報われるということを間違って認識されています。

実は、「報われる」ではないのです。正しくは「報われている」なのです。今、もうすでにみんな報われているのです。

この大切なことをみんなそっちのけにして、努力したら、いつか報われて、幸せになる

から、頑張ろうと、やっています。大間違いです。生まれたあの日から今も、これまでも、これからもずっと、僕たちはみんな「報われている」のです。

みんなこの世に、生《せい》をいただいて、今日も、今ここを生きています。この世界で大切な、必要な存在であるから、この世に誕生したのです。この世の中に、存在する全てのものに、必要でないものが一つもないように、僕たちも、この世の中の、大切な役割を持って生まれてきています。そんな願いを込めて、送り込まれた、大切な存在です。そんな大切な存在である僕たちが、今も生きているということは、もうすでに、今も、「報われている」存在ということなのです。

それなのに、報われていることを忘れ、あれが嫌だ、もっとこうなりたい、どうか、幸せにしてください…と、報われていることを無視して、今の現状を嘆くのです。まさに、報いに背いているのです。

♣やりたくないことをやっていては報われない

その結果、こんなに頑張っているのに、報われないと嘆きます。もっとこんな風になってほしいと、報われていることを無視し、報いに背き続けます。

だから、さらに、今以上に人に、好かれるために、褒められるために、認められるために、怒られないように、嫌われないようにします。報われている自分を無視して、一番大切な自分をほったらかしにして、幸せになろうと頑張るのです。そして、本来の報われている自分を封じ込め、抑えて、自分じゃない自分を生きて、自分自身が嫌になります。

おかしなことをやっているから、報われないのです。そして、実はそんな報いに背いているワタシにまでも、報われるように、幸せに生きられるように尽力してくれるのです。「早く気づけ、早く気づけ、そっちじゃない」と、報われないことを起こすことによって、報いようとしてくれているのです。それほどまでにして、今も報われているのです。

だから、やりたくないのに頑張っていることは報われません。そうやっているから報われないのです。字の通りです。「幸」せの「反」対とかいて「報」われるです。反対に進まないといけないのです。そっちじゃないと教えてくれているのです。今、やっていることがうまくいかないのなら、その「反」対に「幸」せがあるということです。早く元へ戻れということです。

悪いことしたら報いを受けます。だから、そのおかしなことやめないといけないのです。

今もずっと報われているのです。そのことに早く気がつかないといけないのです。あらゆる手を使って、幸せになるようにすすむべき方向へ、軌道修正をしてくれているのです。そこまでして報いてくれています。

人は絶対に幸せになるようになっています。諦めてください。どうやってもあなたは幸せにしかなれないですから。だからもう、無駄な抵抗はやめてください。大丈夫ですから。

人生はシナリオ通りではない

幸せになることは決まっています。どうやっても幸せにしかならないようになっているのですが、どうも人生は順序よく、順番通りにはやってこないようです。

もし、何かを組み立てて作る時があれば、あなたは説明書の手順通りに作っていきます。料理を作る時だってそうです。完成させるための手順や順序があります。その流れに従ってやっていくと完成します。

ところが、人生はそうじゃないんです。

いきなりフライパンがあなたの元にやってきます。するとミミズが届きます。

「え、ミミズを焼いて食べろってこと？」

思わずあなたはそう思ってしまいます。すると、丸太が転がってきます。石まで降ってきます。痛いし、重いです。もう嫌だと、お米作りを始めると、水害でお米が取れないんです。諦めて、海に魚を求めて釣りに行くんですが釣れません。でも、たまたま貝をたくさん見つけます。

そういえば、ミミズがあったと、エサで使ってみると、エビが釣れました。たくさん釣れたから、海老で鯛でも釣ってやろうと試してみるんですが、鯛は釣れませんでした。なぜか、瓶に入って流れてくるマッチを見つけます。

あろうことか、米を持って行ってくれないかと、相談されます。よくわかないまま、お米も持って家に帰ると、ふと思います。

「パエリアを作ってみよう」と。石でかまどを作り、丸太を薪にして、マッチで火をつけて作ります。でも、はたと気がつくんです。

「トマトがない…。それでもいいや」と、完成させます。食べてみるとそれなりに美味しいんです。すると、食べ終わった頃に、トマトがやってきます。

これが人生なんです。誰も、フライパンが来た時に、パエリアを作ろうとは思いつきません。ミミズや丸太や石が来た時は、嫌で嫌で仕方ないんです。なんでこんな人生なんだって思います。ところが、あらゆることが、パエリアを作ることにつながって、あなたはそれを始めます。でも、足りない。足りないけれど、まったく違うタイミングでまた届くんです。

一個一個を見たら、それがなんなのか、まさか繋がりもあるとは思わないから、一旦関係がないようにしか見えません。でも、そんなふうにおかしな順番でどんどんあなたの元に幸せになるように流れて来ます。お米が作れなかったのに、お米をもらうんです。鯛は釣れなかったけど、別に問題なかったんです。

もっと言えば、ミミズや石や丸太も、マッチも、こんなもの！とも思えそうですが、どれも「幸せな人生」の一部分であり、その一部が集まって、「幸せな人生」全部になるんです。

今、あなたの目の前に現れた様々なこと、人、出逢いは、「幸せな人生」の一部分なんです。一見、嫌で嫌でたまらなく見えたとしても、どうしてこんなことがと思っても、全部の一部なんです。

第4章

自由の女神が手にしているのは「許可証」

1 見方が「変」わった「人」

偉人も変革者も変人

世の中の偉人と言われる人や、時代を変えてきた人は、みんな最初は変人と呼ばれています。

新しいことを見つけたり、今までなかったことを始めたりする時には、今までの枠の外に出て行きます。そのため、その時代の常識と呼ばれる世界の外に、飛び出ることになります。

それこそ、その当時の、教科書に従わなかった、従えなかったわけです。でも、そこを出なければ、新しい発見は成し得なかったのです。

変人とは、変人と見る側の人たちの概念や、常識や枠の中に収まりきらなかった人であり、そのレベルを超えていた人のことです。そうした人のことを変人と呼んでいるのです。教師として学校にいた頃、教師の枠を超える生徒に出会った時、ワクワクしました。教師の常識やルールという枠の中にきっちりと収まっていては、その教師を超える人物は誕生しません。ひょっとしたら、大人や先生は、自分を飛び越えられることを恐れて、枠の中に子供を収めようとしているのかもしれません。

そのため、時代の変革者や偉人は、どこかしら変わっています。変わって見えます。周囲の人たちの理解が及ばなかったから変人と呼ばれたのです。

「いや、その人は特別だった」

そう言われる方もいるでしょう。しかし、僕はそのようには思えません。誰もが持っているありのままのワタシを教科書に合わせることなく、遠慮なく、発揮したのだと考えています。

つまり、特別ではなく、自身の中に「ある」ものを出したというだけだと考えています。もしも、それらを特別というのであれば、これを読んでくださっているみなさんにも、特別が「ある」ということです。

学校で学習するために使われている、理科や社会といった教科書。それは、そうやって、過去、変人だと言われた人が発見し、挑戦し、塗り替え続けてきたことが書かれている最先端の書物とも言えるかもしれません。

エジソンのお母さんに学ぼう

誰もが特別を持っている、そのことを理解してもらうために、必ず紹介する偉人がいます。しかも、必ず二人セットで紹介します。エジソンと、エジソンのお母さんです。

「エジソンはわかるが、なぜ、エジソンのお母さんまで？」

と思われた方もいるでしょう。

僕は、教育者という視点から見ても素晴らしい方だと考えています。

エジソンにはいろんなエピソードが残っています。

教科書に定番の「１＋１＝２」が載っていました。それに対して、エジソンは納得しませんでした。「１＋１＝２」が理解できないというのです。困った先生は、外で、泥団子を２つ作ってきます。そして、エジソンの前に置いて、視覚的に教えます。

「泥団子が一つ、そして、ここにもう一つの泥団子。だから、イチ、ニ、でしょ？」

と。ところが、エジソンは、その泥団子を手にとって、その2つを「ギュッ」と、くっつけてしまって、「1＋1＝1」と言うのです。

これは学校の手には負えない子供だということで、先生はもちろん、友達からも愛想をつかされます。挙げ句、父親からも見捨てられます。

しかし、ご存知のようにエジソンは、世界的な発明王になります。それは、エジソンが数々の発見をしたからです。

「発見」とは「見」方を「発」掘すること
エジソンの生涯は私たちにこう教えていると思うのです。

エジソンは変人でしたが、それは「変な人」ではなく、見方が「変」わっていた人なのです。つまり、見方を変えられない人にとって、エジソンは変わった人に写っていただけなのです。

僕は、ひょっとしたら、教科書をそのまま信じ込む人の方が、「変な人」なのかもしれないと思っています。何もかも鵜呑みにして、勝手に正しいと信じ込んでいるんですから。まだまだ、最先端の書物はこれからも進化を遂げて行くかもしれないのです。正しかったことが変わるかもしれないのです。

「変えられない人」「変える人」どちらも変人です。あなたはどちらの変人がいいですか？

さて、エジソンのお母さんはどうして偉人なのでしょうか？

結論から言えば、みんなから爪弾きされていた我が子エジソンをこの子は素晴らしいと信じて、さらに高みに導いたからです。

お母さんは当然、エジソンが後の大発明王になるとは思ってもいなかったでしょう。彼女が偉大なのは、なんの根拠もないのに、我が子エジソンを素晴らしい子だと認め、本当に素晴らしい世界に導いた、女神だったからです。

実は、そうした人が、誰のそばにもいるのではないかと考えています。

信じるしかない

教師をしていた時に気がついたことがあります。時々いるんです。とっても素敵な人柄で穏やかな性格で、なんでも楽しそうに意欲的に取り組める生徒。不思議とそういう子供って、子供からも人気で、信頼も厚かったりします。で、どうすればこんなふうな子供に育つのだろうと思って、その子の家に家庭訪問に行った時などにそれとなく質問してみるんです。

「どんなふうに子育てをされておられるんですか、何かされてこられたんですか？」って。

するとそうした子の親御さんは間違いなくこう言います。

「いやぁ、私たちにもわからないんです。なんで、あんなにいい子に育ったのか。何にもしてないんです。だから、あの子に全て任せていますし、あの子がやりたいように進んでくれればと思います」

何もしていないのです。ただ、この子を信じているんです。もっと言えば、この子の存在から、命の可能性まで丸ごと信じきっているんです。

で、逆に、「先生、どうしたらいいでしょうか？家では私も何度も言うんですが、やらないし、心配なんです。本当に大丈夫でしょうか？」ってとにかくいろんなことに目を配って、子供にいっぱい手をかけた人ほど、子供に覇気がなかったり、生き生きとした顔が見られることが少なかったり悩んでいるんです。

結局、どこか心配だし、任せておけない。任せておけないから、手を出す、口を出す。

するとますます、子供はしぼんでいく。

本当に、子供を信じるって実はとっても難しいことなのかもしれません。信じて任せておいて、何かあったらどうしよう、という思いだってよぎります。

「それでも地球は回っている」ではありませんが、

「それでもこの子は大丈夫、素晴らしい」

と信じてみる！　それしかないんだと思います。

何にもしていないのに、生き生きと育つ子供。いっぱい手をかけるのに、なぜだか元気を失っていく子供。結局、子供は育てるのではなく、育つんです。親は無くとも子は育つというじゃないですか。まさにそれです。

本来、そのくらいすごい命の力を持っていて、子供達の中にちゃんとあるんです。力を出すためには、出させてあげないといけないのです。こっちが先に出してはいけないことを教えてくれているような気がします。

指示した通りでなく、信じた通りに子は育つんです。僕が子供達から教わったことです。

2 「お前はもう、言っている！」

恵とは女神からのメッセージ

女神と言われる人は皆、「許可証」を持っていて許可を与えてくれる存在です。ギューッと小さく縮めた自分を、元の大きなワタシに戻してくれる存在です。

女神とはMEGAMI。「メガ」の「身」です。最大限にまで大きくしてくれるのです。「恵（めぐみ）」と「女神（めがみ）」は同じような音でできています。同じような言霊を持っているのです。人はいただいた恵を、自分の中に入れていきます。

また、「思う」という字があります。実は、思うの「田」は、生まれてくる赤ちゃんの頭蓋骨を表す象形文字です。つまり、生まれてくるときの頭と心こそが思うの根源なのです。そこに、天を表す「一」と天から、自らの頭に降りてくる「｜」を合わせ、「恵」となります。まさに、女神からの大切なメッセージです。

その「恵」と、あなた自身が「知」っていることが合わさると「知恵」になります。

答えはすでに自分の中にあるのに・・・

僕は、たくさんの方の、夢や、やりたいことにふれ、その向こうに見える本来のその方自身に出会っていきます。そうした経験から、ある共通点に気がつきます。それは、みんな自分自身の中に全て答えを持っているということです。

自分で答えを持っていて、自分の中にあるのです。あるのに、わからない、わからないと探し回っているのです。それは、占いを次々と巡る様子に似ています。

占いに行って、自身のことを占ってもらいます。占ってもらうのですが、実は、もうすでに自分の中に答えがあります。でも、それを聞きたくて、占いで言ってほしくて、聞きに行っているのです。占ってもらって、自分が望んでいたことと違うことを言われると、

「なんか、あそこの占い、いまいちの気がするのよね」

と、別の易者のところで占ってもらいます。そして、いくつか回るうちに、自分が言っ

て欲しかったことを言ってくれる占いに出会います。すると、

「あそこの占いすごい！　当たってる！」

と言って満足するのです。最初から、自分の中に答えがあって、そのことを言ってもらいたくて回っているだけなのです。それこそ、言って欲しい、聞きたかったこと以外の情報は、全く聞いていません。必要な情報だけ聞いています。

その情報とは、全て、最初から自分の中にあった答えであり、全部、知っていたことです。それを誰かに言ってもらって、そうだと思いたかっただけなのです。僕は、出会った方としばらく話をしていると、その方の中にある答えがわかってきます。別に超能力があるわけでもなんでもありません。その人が言っているからです。だから、それを言ってあげると、喜んでくださいます。

全部、その人がすでにわかっていて、知っていて、言っているのです。

だから、「知」るとは、「口」に「矢」と書きます。実は、自分自身で知っているから、口で矢継ぎ早やに言っているのです。それで、知っているって書くのです。

昔流行《はや》った漫画風に言うなら、

「お前はもう、知っている！」です。そして、「お前はもう、言っている！」ということ

なのです。だから、言うという「言（げん）」という字と、「現（げん）」は一緒の音で、どちらも、出現させ、出「言」させているのです。

　そんな自身が「知」っていることと、女神からの「恵」で、「知恵」という言葉が出来上がります。人は、知恵をこの世で授かって、人間としてたった一度きりの人生を歩んでいくのです。

　その知恵を、正しく使っていくためには、何かに囚われて、閉じ込めていては使うことができません。女神は、そんな僕たちに、常に、「許可証」を与えて、閉じ込められ「囚」われた、□（はこ）の中の、ワタシという「人」を解放してくれるのです。

　そんな意味で、エジソンのお母さんはまさに、□（はこ）の中にエジソンを閉じこめることなく、育てた人でした。そのおかげで、エジソンも囚われることなく、ありのままのワタシを生きられたのです。エジソンのお母さんは女神だったのです。エジソンが持っていた人生の答えを、お母さんはちゃんと聞いていたのかもしれません。

　同じように、僕たちにも、自分の中に答えがあって、すでに自分で答えを言っているのです。気づいていないのは自分だけかもしれません。

自己紹介では紹介できない？

自己紹介。みなさん好きですか？

苦手に感じる人も多いし、それこそ何を語ればいいのか、何を言えばいいのかなんて思う人も多いと思います。

そもそも、自己紹介などで自分を全て語りつくせる、わかってもらえるということに無理があることに気づくと楽になります。

もちろん、自己紹介でなんらかが伝わることもあります。興味も持ってもらえるかもしれないし、その人となりがわかるかもしれません。

ですが、自己紹介だけで自分自身をわかってもらえるほど小さな存在じゃないのです。うまく話せても、うまく話せなくても、どちらも自分自身であり、それだけではわからない大きな存在なのです。

ただ、人の脳というのは厄介で、なんとなくの状態や、フワーッとした大まかな状態で置いておけないので、知っている情報にまとめようとする癖があります。

それこそ、夜、柳が揺れるのを見て、幽霊に見えるのは、脳が、揺れている柳が作ったこんな映像…とは置いておけないので、「幽霊である」と知っている情報に寄せて、安定させ、理解しようとしている働きからです。

だから、自己紹介を聞いて、みんな自然と上手い、下手、面白い、すごい、といった具合に、脳が、知っている、理解できる形にして安定させようとします。つまり、ジャッジをするような反応をしてしまうのです。そのために、そう思った経験から、自らもみんなにどうか思われるのではないかと不安になって、緊張してしまうのです。

だから、そもそも、語り尽くせるようなものではないし、そんなに小さくありません！

周りの人の反応は変えられません。脳の働きからしかたないんだと気楽に、話してみるといいです。どう思われても「それでも」あなたは素晴らしいのですから。

とんでもなく大きな自分自身であることを知ると、自分のこの先の人生なんて語りつくせないことにも気がつきます。

目標を立てたり、計画をするのもかまいませんが、実は計画も及ばないし、目標なんて見通せないくらい大きなものが人生なのです。

今のあなたでさえ、小学校3年生の時のあなたは想像はついていたでしょうか？

きっとあの頃のワタシには思いもよらない、およびようがない今を生きていると思います。そんなふうにきっとこの先も同じように、思いもよらない人生が待っています。だって、僕たちは、行ったことのないところ、聞いたこともないところは目標にすらできないのです。

ハワイか、イタリアかどっちに行きたい？と言われたら選べます。ところが、カーラか、ソコデどっちに行きたい？と聞かれたら選べないのです。もっと言えば、聞いたこともないところは計画にも目標にもできないのです。

ちなみに、カーラもソコデもトーゴという国の都市です。そもそもトーゴってどーこって人の方が多いでしょう。

でも人生も同じように、ひょっとして、あなたの人生のゴールはトーゴなのかもしれないのです。知らないし、見たこともないから、自分ではどうこうできないけど、どこかわからないけど、辿り着いたりするんです。

それが計り知れない、思いもよらない、とんでもなく大きなあなたの人生なんです。みんなそんな存在なんです。

3 実はチャンスの女神の前髪は超ロングヘアー

GOODは縮めてGODに

よく、チャンスの女神には前髪しかないと言われます。後ろの髪の毛は、ないそうです。チャンスの女神もとんだものにさせられたものです。

それは、チャンスが来た時に、手を伸ばして掴まないと、後ろ髪はないから、過ぎ去ってからでは掴めないということです。だから後ろ髪はひかれません。

ところが、僕は、本当はそうではないと考えています。

実はチャンスの女神はスゴ～ク前髪が長くて、チャンスの女神が過ぎ去ってからも、ズ～ッと前髪が、僕らの目の前にたなびいているのです。いつだって掴めるんです。

つまり、チャンスの女神は、その時に掴めということだけでなく、

「いつだって、掴んでいい！」

「掴むぞ！　と、自分に『許可を出せ』」

と伝えてくれている女神なのです。

そもそも、人の髪の毛を掴むことさえ、相当失礼なことです。勇気もいります。ましてや、女神様です！　女神様の髪の毛を掴んだりしたらバチが当たるのではないかと考えます。だけど、それでもいいと許可を出して、掴めということなのです。なんなら、女神様に抱きついてでも掴んでいいという許可を出すことなのです。

「いい！」それは、「良い」です。「GOOD」なのです。そのGOODを、できるだけ早く出すのです。どんどん、GOODと素早く出していくから、縮んで「GOD」って「神」になるです。

こんなことは教科書には載っていません。ましてや許されない社会では、どんなにチャンスの女神が通っていても、つかもうなんて思えません。挑戦できないのです。声のかけかたもわからないでしょう。

見ているだけで、セクシャルハラスメントと言われるのではないかと、「なんとかハラ」にハラハラしています。

だから、世の中が、人々が、み～んな「一大事」になっているのです。大変なことになればなるほど、みんなは情報という名の教科書を集め、並べ、ますますがんじがらめになって行きます。

一大事とは一番大事なことをしないから

本来は、チャンスの女神の髪を掴むが如く、どんどん行動すべきなのです。ところがみんな「行動」ではなく「考動（こうどう）」をしています。行動という漢字が示すように、「行《おこな》って」「動く」ということが本来の行動なのです。

やってしまう、やりながら、動くということです。それが、行動ということだと、ちゃんと先人は言葉に残してくれたのです。

だから、どんどん、動きながら、行《おこな》っていくと、やがて「幸動（こうどう）」になって、幸せが動き出します。「考えて」「動く」という「考動（こうどう）」では、考えているうちに動けなくなります。

いい方法を考えていても、考えているだけじゃ、いつまでたっても変わりません。

ところが、小さくても、一歩一歩、重ねていくから、やがてそれが大きな歩みになるのです。「一大事」になるのは、その「一」つ「一」つを「大事」に動かさないから、「一大事」になるのです。

辛（つら）いはその「一」つを大切にすれば幸せとして生まれます。「辛」いという字でさえ、よく見てください。「＋（プラス）」の上に「立」っていると書きます。もうすでに、そんな素晴らしい上に立っているからこそ、一つひとつを大事にするんだよということを教えてくれているのです。辛いは幸せの一部分なのです。だから、幸せの字の中に辛いが入り込んでいるのです。

自分に「いい！」と許可を出してあげるとき、「心」にもう「一」つ大切なことが刻まれます。すると、心は「必」ずに変わります。だから必ず叶うし、本来のすごい力が解放されるのです。

それをしないと「一大事」に変わります。あなたは、この世で大切な存在として、大切な役割を持って、この世に生まれてきたのに、ミッションを達成せずに終わることになります。

きっと自由の女神も、あの左手には「許可証」を持ってると思ってます。本当は、独立記念日が記された銘板だそうですが。

自由の女神も、きっと自由を許可することから、始まったんです。みんな一番大事なことをすることで、一大事から世の中を、ワタシを救って行くのです。

肝に命じておいてください。

一番大事なことをしないから一大事に変わってしまうのです。

AI《あい》が支える

35ページのコラムで僕らの中にある愛、「AI《あい》」の話をしました。

「AI」は今も働いていて、常に実行し、常に叶えてくれています。全て、あなたの希望通りに、入力通りにずっと今も、この瞬間もあなたの自己実現のお手伝いをしてくれています。こんな具合にいっぱい叶えています。

仕事を辞めたいけど、辞めないというのを叶えています。

痩せてスマートになりたいけど、今食べるということを叶えています。

お金持ちになりたいと思いながら、お金がなくなる不安を感じることを叶えています。

やりたいことがあるが、やらなければならないことを優先することを叶えています。

それを、叶えているというのか？　そんなこと叶えたいとは思っていない！　と思われる人もいるでしょう。実は、叶えたくないことを叶えるということを叶えているんです。

僕らは、残念ながら、今もいろんなことを実現させ、叶え続けています。きっと今この本を読もうと思ったから、この本を読んでおられると思います。夕食にハンバーグを食べようと思うと、きっとハンバーグを食べると思います。ハンバーグを食べようと思っていたのに、気がついたらラーメンを食べていたら、なんらかの病気の疑いがあります。散歩している途中に富士山の山頂にたどり着く人はいないのです。全て、今やっていることは、あなたが実現すると決めて、未来の予定を立てて実現しているのです。

「ＡＩ」は常にこのようにあなたの願いを１００％実現させてくれます。そして、そのことに気がつかないまま、みんなこう言ってるんです。

「夢は簡単には叶わない」って。

実は、「AI」は「夢は簡単には叶わない」というその思いまでも実現させることに全力を使います。だから、「夢は簡単には叶わない」ということも叶えていきます。そのため、夢は簡単には叶わないと信じている人は、簡単には叶わないということが実現していきます。

今も叶えているその事実に気がつくと、夢を実現させている、叶えていることがわかります。今も、次々実現させている、叶えているということに気づくと変わるんです。全て実現させている、なんでも叶えているということを知ると、「夢は簡単に叶う」ということがわかります。叶えていた、なんでも全部、今も叶えているという、叶えている事実を受け入れられます。

すると「AI」は「夢は簡単に叶う」ということを実現させ始めます。あなたの「AI」は常にあなたが思っていることを実現させていくのです。あなたがそれをすることを許可しなければ、忠実に、実現しないことを実現させ続けてくれます。あなたの「AI」はすごいんです。愛です。あなたが、どうせワタシには無理だから…と悲しみたいのならば、悲しみたいことまで実現してくれます。あなたをいつも愛で包み込む存在です。ぜひ、頼ってみてください。

4 自らの由

昔の服を着たまま？　もう似合いませんよ

自由とは「自」らが理「由」です。「由」縁なのです。

全部自分の中にあります。その自らの、理由となる、大切なことを、自らさせてあげるのです。自分がやりたいと思ったことを、自分にやらせてあげます。

そして、もしもそれを止めているのなら、それも自らの理由です。止めてしまう自らの理由があるから不自由になります。

きっと、そんな人は、過去の、あの日あの時に、僕にはこれがお似合いだと袖を通した、小さな洋服を今も着ているのです。もう、あの頃とは違うのに、大きくなったのに、今もあの頃のまま、キチキチになりながらも

「似合わない」「できない」「笑われる」「怒られる」「バカにされる」

と信じて、その服を着ているのです。もうあの頃のワタシじゃないのに。

それに、あの頃もそんなワタシじゃ、実はなかったのです。そうじゃなかったのに、そうだと信じたのです。そんな勘違いから始まったのに、窮屈なまま、小さくて、合わないのに、今もまだその洋服を着ています。ひょっとして、何枚も何枚も上から重ね着をして脱げなくなっているのかもしれません。だから、一枚ずつ、脱いでいくのです。

「これを脱いでしまったら、嫌われてしまう」

と思えても、信じてください。今のあなたは、あの頃のあなたではないです。そんな妄想を描くより、本来の素敵な、あなたの、やりたいことや夢を、これからを、妄想してください。

同じ一つの事実ですら、自分をダメな人や「雨男、雨女」にしたりします。踵を上げて、背伸びしないといけないとしてしまいます。もう、やめてください。

「自分は『ダメだ』」の世界に生きていると、全部の事実が歪んでしまいます。歪んでしまうという字の通り正しくないのです。もう、「本来の素晴らしいワタシ」で生きていいのです。

♣何もかも一人で出来たら独りぼっちで生きていかねばなりません

もしも、まだ、本来のワタシでなかったとしても、あなたに知っておいて欲しいことがあります。

たとえ、どんなふうに生きていようとも、一つだけ、変わらない事実があります。

それは、晴れだろうが、曇りだろうが、雨だろうが、雪が降ろうが、必ずあなたの頭上には青空が存在するということです。

見えなくてもこの地球にはいつも頭上に青空があります。いつも「進めの青！」が、あなたの上には広がっているんです。一度も変わることなくず～っとそこにあります。

人生はそれと全く同じです。あなたが生まれたあの日も同じでした。あの日から、雨の日も、晴れの日も、雪や嵐の日もあったでしょう。だけど、それでもず～っと、一度も変わらず、青空はあなたの上に広がっていたのです。

その青空こそ、「本来の素晴らしいワタシ」であることを証明してくれています。あなたは大切な存在だから、今も思われていて、今も願われているから、今も、ずっと「進めの青」という許可を、受け続けているのです。

あなたが、思うのは、そうでありたいと願うのは、そうだからです。

だから、もう、本来の素晴らしいあなたを生きても「いいよ」と許してあげましょう。

自分自身に、自らＯＫって許可を出してあげましょう。

その時に、忘れないでください。

ダメだと思っているあなたもひっくるめて、素晴らしいあなたということを。遅刻したり、忘れ物したり、失敗をやらかしてしまうあなたも、全部ひっくるめて素晴らしいワタシなのです。

みんなからカワイイといってもらえる女の子は、どこか抜けていたり、おっちょこちょいなところがあります。ところが、もしも、その子がおっちょこちょいなところをなくしたら、カワイくなくなるのです。

ブルドックが人気なのは、あの不細工な顔が可愛いからなのです。凜々しい顔になったら、人気がなくなるのです。

実は、人気という長所には、不細工という短所がひっついているのです。不細工という短所を削ってしまっては、同時に、人気者である、可愛いという長所まで削ってしまうことになるのです。

長所と短所は表裏一体です。だから、短所は削ってはいけないのです。言い方を変えれば、短所しか見つからない人は喜んでください。山のように短所がある人はとびあがって喜んでください。同じだけの、長所をあなたは持っているということです。短所を見つけるたびに喜んでいいということなのです。

短所、別名、欠点とも言います。欠点は欠けている点ではありません。あなたが、あなたの長所が存在するために欠かせない点なのです。

それは、

「誰かと繋がって生きて行きなさい」

「人の力を借りて生きて行きなさい」

という、生きて行くために必要なことに、欠かせない点なのです。

その短所、欠点のおかげで、たくさんの人と繋がって、生きていけます。誰かの素晴らしさを生かすことができるんです。そして、あなたもまた、同じように誰かに必要とされていくんです。凸凹してるから、いろんな人と繋がって生きていけるのです。あなたに抜けているところがあるからいいのです。「抜」けているから、その「手」で誰か「友」と繋がることができるのです。全部一人で、できるようになったら、一人ぼっちでしか生きていけませんから。

忘れないでください。ダメなままで、そのダメな部分もひっくるめて素晴らしいのです。

誰かと繋がって生きて行けるのです。人の力を借りて生きていくのです。

できない？　それでいいじゃない！

できないこと、苦手なこと、弱点…抜けているから誰かと繋がれる！　と喜ぶことを素直にできるとどんどん幸せになります。

ところが多くの人は、できないことをできるように、苦手なことをなんとか自分でできるようにと、「技」を磨きます。テクニックをつけるのです。結果、自分のその「手」で、自分を一生懸命「支」えてるんです。

いくらテクニックをつけても、もっともっと、あれもこれも、と「やれ資格」だの「講習会など」に参加をしていくことになります。自分にないところ、足りないことを何かで埋めようとすると、キリがないのです。本当はそこは、誰かの力とつながっていくためのところですから…。

変えるべきは、できない、苦手、弱点ではなく、それでもいいと思える、思いの方なんです。

何か新しい技術を習得して、力をつけて行動を変えようとしても、何も変わらないのです。思いを変えない限り、現実は変わらないのです。

だから、僕たち人間には生きていくための2つの大切なものを手渡されたんです。

「誰かと繋がって生きていきなさい」

人の力を借りて、頼りなさいということです。全部自分でなんでもしようとすることではないんです。何も自分一人ではできないんだというそんな、全く不完全な、足りないワタシなんだということに気づきなさいということなのです。

「素晴らしい存在である」

そんなワタシは何も足さなくても、何も引かなくても、もうすでに素晴らしい存在なんだよということなのです。「それでも」あなたは素晴らしいということなのです。

この生きていくために大切な2つのことを大切に思い続けていれば、自ずと現実は変わります。変わらないのは、生きていくために大切なその2つのことを忘れて、違うことをしているからなんです。

5 「素晴らしいワタシ」を生きる方法

思ったその日から思った者になれる

「本来の素晴らしいワタシ」を生きるためにはどうしたらいいか…。

このことを覚えておいてください。

今ここで、素晴らしいワタシであると信じるのです。今ここで、素晴らしい存在であると決めるのです。すると、そのようになります。

例えば、あなたは、中学生になったとき、中学生だということを証明する免許書のようなものをもらったでしょうか？

もらっていないはずです。あの日、

「今日から中学生だ」

と思った瞬間からあなたは中学生になったのです。どんなに点数が悪くても、態度が悪くても、中学生になったのです。

お母さんになるときも、社長になるときも同じです。検定も、試験もありません。まだ、経験がなくても、技術もままならなくても、あまり知らなくてもお母さんや社長にある日突然なるのです。その後からお母さんと言われたり、社長と呼ばれて、だんだん実感していくのです。全部、先になることからはじまるのです。

素晴らしいまま生きる時も同じです。何か、理由や、条件が整ったら、何かすごいことができたら、なれるのではありません。先にそうであると決めたから、信じたから、その事実が後から、あなたのもとにやって来ます。

間違っても、素晴らしいワタシになるためにトレーニングを始めたり、テクニックを学びに行かないでください。生まれたあの日、あなたはもうすでに、そうだったのですから。元に戻るだけでいいのです。元のエネルギーに（気）に戻り、字の通り元気になればいいのです。元気になるためには、元に戻るためには、そのままで、夢中になれることに生きればいいのです。

素晴らしいワタシであるのに、なろうとすると、一旦そうじゃない自分になることになってしまいます。蝶なのに、サナギにならないといけないのです。わざわざ、ダメなワタシになることなく、本来の、正しい現在地に戻ってくるだけでいいのです。おかしな現在地に自分を置いていたから、いくら成功する地図を開いて、その通りに進んでも、スタート地点が間違っていたから、おかしなところにしかたどり着かなかっただけだったのです。

素晴らしいワタシである！　その場所から、そのまま、ありのまま、夢中になることに、やりたいことに進んでください。あなたの心に素直にしたがって下さい。

何かができるようになっても、何かができなくても、あなたがすごいことに変わりはありません。あなたにしかあなたはなれないのです。どんなに誰かが真似をしたってあなたにはなれないのですから。誰かと比べて一番を目指すのではなく、ワタシにしかなることができない一番の、最高の自分自身を目指せばいいのです。

それでも、何かしないと気が済まない人には、第2章でも紹介した、許すということを意識してすることをお勧めします。

許すことであなたという器をより大きくするのです。それだけが、自分を大きくできる方法です。「許し容認できる量」を増やすから、「許容量」が増えて、あなたというこの世にたったひとつの器は大きくなります。

これだけが唯一、より大きくする方法です。覚えていてください。素晴らしくなろうとするのではなく、許すことでしか大きくはならないのです。

誰がなんと言おうと、あなたはもうすでに素晴らしいのです。それだけが正解です。真実です。

人は必ず死ぬ

信じてください。こういうと、どうしてそうだと言えるんですか？という人がいます。人って面白い生き物で、一番の真実は信じられないのだけれど、真実じゃないものは簡単に信じることができます。

この世の中で、誰もが知っている真実があります。それは、必ず死ぬという真実です。生まれた瞬間から、必ず死ぬという真実が生まれました。

ところが、ほとんどの人は、その必ず死ぬということを心配することなく過ごしています。明日死ぬかもしれない、という不安を抱きながら生きている人はほとんどいません。いや、そんな不安忘れている人がほとんどです。必ず死ぬというのに。

ですが、明日、失敗して怒られたらどうしよう。あの人から嫌われたらどうしよう。お金がなくなったらどうしよう。と、起こるかどうかわからないことに不安を抱き、起こるかどうかわからないことをあれこれ心配しています。

必ず死ぬという、１００％起こることは心配もせず、起こるかどうかわからない、少なくとも発生確率１００％以下のことを、起こるかもしれないと不安になっているのです。そして、その不安を信じて日々過ごしています。

スマホのアプリで写真を撮ると、美しく撮影できます。その時に、誰一人「どうしてそうなるんですか？」なんて言わないんです。美しく撮れると信じて撮影します。

ところが、同じように、ただ、夢は簡単に叶う、私は素晴らしいと信じてくださいと言うと、どうしてそうなるんですか？と言うんです。

アプリによって、現実の自分は何一つ変わっていないのに、写真の中でキレイになったワタシには満足できるのに、シンプルなこの世の中の真実を手にしても満足できないのです。

これこそ、人生は信じた通りになるという真実です。

ワタシは素晴らしいと信じた人は、素晴らしいワタシを生き切るということを成就します。ワタシなんかダメだと信じた人は、信じた通りに、ダメだと感じる人生を味わい尽くします。

「信」じる。まさに、「人」が「言」＝「SAY」です。「人《じん》SAY《せい》」です。あなたが、信じていることを、人であるあなたが言っているのです。

信じるは英語で「believe」と書きます。その中にあり方、魂を意味するbeと、生きるというliveが入っています。信じることが、あり方を生きることにつながっていることを教えてくれているようです。

叶うと信じている人は叶うと言って、やっぱり叶います。

叶わないと信じている人は叶わないと言って、やっぱり叶いません。

あなたが信じた通りに、言った通りに、なっています。信じるも信じないもあなたが決めてください。信じたいことを信じればいいのです。真実は変わらずそこにあります。

何を信じるかだけなのです。

第5章

「素晴らしいワタシ」であることが社会を変える

1 「素晴らしいワタシ」を育てるために

愛の始まりはワタシ

もうすでに立派な大器であるあなたを育てることができる「許す」という行為は教科書がなくとも、いつでも、今、ここでできます。

どんなテクニックや知識で塗り固めても、それらはあなたの輝きを隠すことになってしまいます。もうすでに世界にひとつの宝石なのに、いろんなものをペタペタ貼ってしまったから、本来の輝きが隠されてしまったのです。

そうではなく、何もつけなくても、最高級品であったことを知ればいいのです。もうあなたが素晴らしいということは何度もお伝えした通りです。だから、先に、「そうである」ということをまず、信じてください。

そして、許す。許すことができなければ、あなたという器は大きくなりません。

だから、もしも、あなたが、より素晴らしくなりたいのであれば、今すぐ「いいよ～」と、許可を出すことから始めてみてください。そこにはなんのテクニックも必要ありません。

万が一、許せない時があっても、許すことができないことがあっても、そんな自分にも「いいよー」って言ってあげるんです。

許すことができない自分にさえも、「いいよ！」って許可を出してあげるのです。

「いいよー」って言えない時があっても、「いいよー」って許してあげるんです。

「でもやっぱり無理かも」

と思っても「いいよー」と言ってあげるのです。

つまり、どこまでいっても、ただただ、全部全部、あなたの全部を「いいよー」って抱きしめてあげるんです。あなたの「心」をそのまま「受」け止めるのです。

それがを「愛」と言います。愛とは、そうやって、自分の心をそのまんま、受け止めていくことです。それが、愛の始まりで、自分自身を愛してあげることから全ての愛は始まります。それから、いろんな人に広がっていきます。

「愛」の始まりは「ワタシ」からです。そうして、自分自身を愛することで、あなたの器も大きくなっていきます。「I」が「愛」になっていきます。

まず、先に自分を抱きしめてあげれば、誰に対しても、「いいよー」と、嘘いつわりなく、無理なく言えるようになります。だから器が大きくなっていきます。

みんなその逆を今までやっていたのです。自分をそっちのけにして、相手を優先して、器が小さい時から、本当は許してもいないのに、「いいよー」と言うことを、相手に無理してやっていたのです。

だから、心の中では腹が立ったり、許せなかったりします。でも、我慢して、いい人を演じて、「いいよー」と言っていたから、どこかで爆発したり、偽りの自分であったことを自分自身で嫌になっていたのです。

それを変えて、先に、自分に「いいよー」「いいよー」と許可を出していたら、自分の器が大きくなって、許容量が増えるだけでなく、愛が広がって、周りの人も幸せにしていくのです。受けとめていけるようになります。許せるのです。だから、何が来ても、許し、容認できる大きな器になるのです。

♣出会いは人生の宝もの探し

どうしても許せない時、あるいは許せない！　と思っているワタシも「いいよー」と、先に自分の心を受け止めることを優先してください。相手を優先して無理して「いいよー」ってする必要はありません。

ワタシの心を受けとめることから始まった愛はどんどん大きくなって、たくさんの人を受けとめられる、許すことのできる、愛へと広がっていきます。

許されようとするがゆえに、怒られないようにしようとするがゆえに、失敗しないようにしようとするがゆえに、誰にも、頼らず、弱いところを見せず、聞けず、なんでも自分でしようとしてきたんです。だから、「教科書」を手放せなかったのです。それこそ、誰かに押し付けられた「教科書」を握りしめていたのかもしれません。

でも、そんな過去も、今までも、「いいよ！」と、許して、手放していっていいのです。そして、今まで「教科書」でふさがっていた、その手で、自由になったその手で、今度は「許可証」を受け取ってください。

あなたに、必要なのは「許可証」です。この許可証を手にした時、社会は変わります。

教科書よりも、ずっと大事な許可証、これを文部科学省にも許可してもらって、一番最初に子供たちにもプレゼントできる社会にしたいです。

その時、きっと、愛があふれる、世界になっていきます。「であい」って、そんなふうに、それぞれの中から、あふれ「出」た愛と愛が出逢うことを言うんでしょうか。たくさんの「であい」があふれる世界は、全て素晴らしいあなたから始まります。

出逢いこそ人生の宝探しなのです。

誕生日は幸せを感じる日

誕生日って、幸せを、幸せであることを感じる日なんです。

生まれてからこんなにも、毎日、朝を迎えられ、たくさんのものに出会ってきたんです。

みんながよく言うように、命をかけて生んでくれた母に感謝する日でもあります。

そして、ここからがもっと大事なんです。

ただ、頭で、「感謝する日」って、いいことでも言ったように、終わっちゃいけないんです。

せっかく、生まれてきた記念すべき日です。自分に問うてみるんです。

生まれて来た日……どんな日だったろう……って。

きっと、そこに、いた助産師さん、看護師さん、家族……たくさんの人が生まれてきたワタシを見て幸せになったんです。たくさんの人をとんでもなく幸せにさせた日なんです。みんなを、とんでもなく幸せにした日です。

だから、ちゃーんと、みんなからのありがとうを受け取る日なんです。

そしてね、ワタシが生まれてきたってどういうことなんだろう……って考えるんです。

あなたが生まれてきたということは、生まれてくるまで、私につながるたくさんの人が、生きて、命のバトンを紡いでくれたってことなんです。

生かされた命、つながっている命ってことなんです。

そして……人と生まれたのはどうしてなんだろうって考えてみるんです。

アリでも、花でも、雲でもよかった。なのに、人として生まれてきたんです。

どうしてなんだろう……って自分にいっぱい向かいあってみる日なんです。

頭で知ってることで収めたら、ちぃーさくまとまります。

でもね、わからないことをいっぱい問うた時、広がるんです。

思いもおよばない、はかりえない、とんでもない「誕生」を得たワタシが、思い通りにならない！なんて、命を小さくしてたらダメなんです！

もっともっと、この幸せをいっぱい感じ尽くす日なんです。

おめでとうワタシ。そして、ありがとうワタシ。って。

そしたら、それと同じくする存在であふれてるこの世界がとんでもない世界だってわかります。

ありがとう。ワタシ。ありがとう。あなた。

2 嫌われる理由は存在しない

ゴキブリを嫌っても、ゴキブリからは嫌われない

許すことが、自分を育て、愛となり、たくさんの人を幸せにすることがわかっても、やっぱり自分のことがかわいいです。

だから、他人に何かを言われることは嫌だし、嫌われたくないものです。悪く言われたり、嫌われたら、やっぱりいい気はしません。だから、他人や周りを気にするし、嫌われないようにしてしまいがちです。

そんな人は、このことを知っておくと楽になります。それは、

「嫌われる理由は、ワタシにはない」

ということです。

嫌う理由は、常に、相手にあります。ワタシには嫌われる理由は存在しないのです。わかりやすくいうなら、ゴギブリを見て、嫌う人はいても、ゴキブリには嫌われる理由はないということです。

もしも、心底、ゴキブリが嫌いな人は、ゴキブリという文字を見ただけで、ゲッと思うことでしょう。その時、実際に、そこにゴキブリはいないのに、ゴキブリになにもされていないのに、その人は、ゴキブリを嫌うし、疎ましく思うのです。それは、その人の中にゴキブリを嫌う理由があるからです。

オレ（ゴキブリ）、なんか悪いことしたか！

今、突然、あなたのいる部屋の、タンスの隙間からゴキブリが出てこようものなら、多くの人は、叩くために、何かいいものがないか周りを探します。新聞紙を丸め、狙いを定める人もいるでしょう。

そして、ゴキブリよりも早く、奴の頭上めがけて、一撃で仕留めようと殺意を胸に、躊躇なく、攻撃を仕掛けることでしょう。

ところが、驚いたのは、ゴキブリです。タンスの隙間から、ほんのちょっと周りの様子を伺っただけなのに、自らに向けられた殺気を感じます。さっきまではなかった、殺気です。気持ちを集中させ、感じ取ります。すると、頭上からものすごい勢いでやってくる塊に気づき、とっさに身を守ります。間一髪のところで、隙間に逃げ込みます。

ゴキブリを仕留められなかったあなたは、「くそ～」と悔しがりながら、嫌いなら見なければいいのに、その隙間を覗き込み、「あそこにいる～！」「気持ちわる～い！」と、わざわざ見えにくい隙間に、目をやり、嫌いなゴキブリの、長く動く触覚や、茶色く、また は黒光りする奴の姿を見つめるのです。

この時、冷静に考えてみてください。

ゴキブリは一体なにをしたのでしょうか。ゴキブリは、ただ、隙間から、顔をのぞかせただけです。何もしていません。ところが、ゴキブリが大嫌いなあなたは、見ただけで、様々な理由を頭に浮かべます。

「汚い」「あの色が嫌い」「長く奇妙に動く触覚がイヤ」等々、中には、過去に触ってしまった体験や忘れられない、思い出が出てくる人もいるでしょう。

ですが、もう一度、言っておきます。ゴキブリは何もしていないのです。ゴキブリからすれば、いきなり叩かれ、騒がれ、ギャーギャー言われ、悲鳴まで上げられ。いったい、ゴキブリのボクは何をしたのかと思っています。この時、ゴキブリからしたら、どうしてこんなことをされるのかわからないし、悲しいでしょう。辛いでしょう。

このように、ゴキブリには何の理由もないのです。ゴキブリを嫌うその人に理由があるのです。もちろん、相手に理由があっても、こうして嫌われるのは嫌なものです。だけど、あなたには嫌われる理由はないのです。

相手に嫌う理由があるのです。

それを、勝手に、僕がこんなだからだと、理由をでっちあげ、責める必要はないのです。ただ、嫌う理由が、相手にあるだけなのです。だから、あの人に、何か理由があるんだぁ…って相手を、見てあげるしかないんです。あなたには嫌われる理由はないし、嫌なこと言われたとしても、あなたの価値は、変わらないのです。相手がただ、理由を振り回しているだけなのです。

嫌うその人の理由を、あなたが受け取る必要はありません。逃げればいいです。

3 贈り物は贈り主に持って帰ってもらおう

嫌な贈り物は受け取らない

嫌な言葉や、腹が立つものを持ってくる人はいます。そんな時のために、僕のお師匠さんがやっていたことを紹介します。そのお師匠さんとは、お釈迦様です。僕は、お寺の長男で、小さな頃から教えをずっと受けています。そのお釈迦様がやられていたことがとてもいいなぁと思ったんです。それは何かと言うと、

「贈り物を受け取らない」

という方法でした。相手が、悪口を言ってきたとしても、一切、反応もしないし、返しもしない、ただ流し、受け取らないのです。相手が、あなたにプレゼントしてくる嫌な言葉は、事実でないものが多いです。

そうでなかったり、全く事実じゃないことがほとんどです。間違っているので、誤解されているので、腹が立って、ついつい言い返してしまいます。すると、その瞬間に、贈り物の贈与と授与が成立してしまいます。

小さな子供たちであれば、

「デーブ」「バーカ」「ハゲ！」

と、事実でないことを投げつけてきます。大人だと、

「どうせあなた、僕のことを嫌いだとか思ってるんでしょ！」

とか、いってきます。それに対して、いろんな理由をつけて言い返します。しかし、それは、あなたを嫌う理由からくる、事実ではない紙クズみたいなものです。あなたのことではないのです。だから、受け取らないでください。

もしも、あなたが、誰かにプレゼントを贈るとします。心を込めて用意した、そのプレゼントを相手に渡そうとしたのだけれど、相手が、受け取ってくれなかったら、あなたはどうするでしょうか。

相手が受け取ってくれなかったら、あなたは、仕方なく、そのプレゼントを自分で持って帰ることになります。つまり、贈ろうとした本人のところに返ってくるのです。

「バーカ」

と言われて、

「何よ！」

と反応したら、あなたは受け取ったことになります。ところが、「バーカ」と言われても受け取らなかったら、送り主のその人は、その「バーカ」という言葉や、感情を自分で持って帰るしかなくなるのです。

♣嫌いなものをわざわざ探さなくていいんです

関西人はこれを特に嫌がります。目の前で、ボケたのに、突っ込んでくれない、状態になります。仕方なく、自分自身が一人で突っ込んで、悲しく終わります。これを一人ボケ、一人突っ込みと言います。とても虚しい現象です。

相手に向かって振り上げた拳を、自分で降ろして、お持ち帰りするしかなくなります。TAKE OUTです。

そもそも、相手の中にある、相手の理由です。それを聞いてほしくて、見てほしくてやっているのです。聞いて欲しい、見て欲しいのも相手の理由でしかありません。自分で、持ち帰って、自分で、眺めたら、きっと本人自身が少しずつ気づいていくのです。

時々、それでもしつこくやってくる人はいますが、そんな時は、とっとと離れるか、逃げるかしてください。その責任を取る必要はあなたには一切ないです。

嫌いなはずなのに、逃げたら、わざわざ追いかけます。先ほどのゴキブリの話でいうなら、ゴキブリホイホイだとか、ホウ酸団子を用意してまで、わざわざ、嫌いなゴキブリを目にできるようにするようなものです。

嫌いなものをわざわざ探さなくていいんです。そんなことをいっぱいやっている人もいます。

気の合う友達と喫茶店でお茶して楽しんでいるのに、大好きな仲間と居酒屋で飲んでいるのに、わざわざ、大嫌いなあの人や、大嫌いな上司の悪口を言い合うのです。

そして、今ここに、嫌いなその人はいないのに、わざわざ、気の合う友達や大好きな友達の中に、嫌いなその人を出現させているのです。そんなにまでして嫌いな人のことを考えたいのかと思いませんか。

朝の出勤時間、綺麗な青空を味わえばいいのに、わざわざ、この後の仕事の悩みや心配を先取りして、その場にお取り寄せして、味わっていませんか？　嫌いなものを選んでそれで満たすのではなく、あなたが大好きな、気持ちのいいもので満たすのです。好きなもの、気持ちよく感じるもので満たす、そんな時間を増やしましょう。好きなことで埋めて行くとはそういうことです。好きなことを考える時間、気持ちのいい空間、友達で頭の中も埋めて行くのです。

もちろん、そうやって、幸せそうに、ニコニコしてるだけなのに、その幸せそうなあなたを妬んだり、羨んだりする人は出てきます。

でも、それは、その人も本当はそうしたいからです。だから、羨ましく思うんです。本当はその人もそうなれるんだけど、勇気が出せなくて、できないから、その人が本当はやりたいことをやっている、あなたのことが羨ましいのです。

だから、妬みから何か言ってきたりします。

でも、その人のためにも、あなたはそこで、好きなことをしてください。その人や、みんなのいい目印になってあげたらいいのです。だって、その人が、私もそうする！　って思えるための理想の未来なんですから。たとえ、相手から嫌われたとしてもやり続けるのです。

学校で習ったじゃないですか。

「人が嫌がることを進んでやりましょう！」

ってね。

いい感情、いい動き

いい感情が、いい動きを誕生させます。
だから、Emotion（感情）はE《いい》　motion（動き）と書きます。一見ダジャレのようですが、ダジャレです（笑）
ですがダジャレじゃないのです。これが本当にそうなって生きます。Emotion である感情は何かと言えば、今の心のことを言います。今の心であるその感情はまさに「念」となります。この念が全ての原因である「因」になります。だから、「因念《いんねん》」と言います。
普段、僕たちが使うのは、「因縁」と書きます。今の心の感情が念となり、縁になります。よって、その縁が様々なことを起こします。だから、「縁起」となるのです。全部、自分の感情が元となって、あらゆることを起こしていく、実現していくのです。

そのため、いい感情は、次々いい動きを起こしていきます。だから、感動とも書きます。感動とは感じたことが動く。まさに、感情が何か新たなことを引き起こしてくれるのです。

4　「思う」が「果」たされこの世に「実」る

他人は他人。だから自分の選択を変えることはない

あなたが、そこに存在するということは、今も誰かにとって、何かにとって必要なのです。あなたが幸せそうに笑ったら、その笑顔を見てまた幸せになる人がいて、また、その先の誰かが幸せになります。こうやって幸せの連鎖が起こります。

また、中には、その笑顔を見て、羨ましく思う人もいます。いろんな理由はあるでしょう。たまたま、試験に落ちた、彼氏と別れた、財布を落とした等々。

すると、その人から、機嫌の悪い、嫌な連鎖だって起こります。

相手にとって、良い、悪いとは、あなたに理由があるのではありません。相手に理由があるから、その反応が起こるのです。

つまり、他人が今感じたり、思ったりすることを変えることはできないのです。心の中まで覗き見ることはできません。相手を推し量ったところで、本当のところはわからないのですから、自分の選択を変える必要はないです。推測して、相手に合わせる必要もありません。

どんなにあなたが、周りの人に、気を配っていたとしても、気をつけていたとしても、怒られたり、嫌われることがあるということです。逆に、何にも気にしていなくても、好きなことをしているだけでも、結局、怒られたり、嫌われたりすることはあります。

つまり、相手に理由がある限り、怒られることも、嫌われることもあるということです。どうしたとしても、怒られることも、嫌われることもあるなら、大好きなことを、やりたいことを最優先にするべきなのです。それが誰かのためになるのですから。

♣この世の中は、あらゆる必然と偶然という必然で成り立っている

世の中は、必然と偶然で成り立っています。

必然とは、必ずそうなるようになっていたということです。そして、偶然とは、「たまたま」

という意味です。ところが、「たまたま」という、偶然、の「偶」。これは、にんべんである「人」に「遇《あ》」うと書きます。

実は、「偶然」とは、『然』るべくして、そうなるべくして、その「人」に「遇」うという、必然の意味を持っているのです。つまり、必然も、偶然も同じ、必然を表しているということです。

世の中でいろんな成功を収めた人や、素晴らしい人生に進んだ人は必ず、共通していう言葉があります。それこそが、「たまたま」です。

「たまたま、あの時、あの人に出会って（うまくいった）」

とか、

「たまたま、こんな話がやってきて（運がひらけた）」

とか、成功した人はみんな言うのです。エジソンですら、

「たまたま、そこに竹の繊維があったので（電灯を発明できた）」

と言うに決まっています。

この世の中は、あらゆる必然と、偶然という必然、つまり、必ず然るべくしてそうなる必然で全てできていて、そうなるように流れています。

だから、あなたが思うまま、大好きなこと、やりたいこと、夢をどんどんやっていくべきなのです。

僕たちが、夢を「思う」とき、「思われる」夢が同時に出現します。

僕たちが平和を「願う」とき、「願われる」平和が同時に生まれます。

つまり、「思う」「思われる」、「願う」「願われる」は常に同時に誕生します。

あなたが、大切な人を思うのは、あなたが大切な人から思われているからです。

あなたが、これをやりたいと願うのは、そのやりたいものから、あなたにやってほしいと願われているからです。

もっと言えば、あなたは、この宇宙や、大きな何かから、思われているし、願われているのです。この宇宙や、大きな何かが、夢見た時、願った時に、あなたという大切な存在が誕生したのです。そんなこの世界を創る何かから、思われているのです。あなたは今も、願われているのです。そうして、この世に生まれてきたのです。

「思う」という字は、生まれてくる赤ちゃんの頭蓋骨の象形文字です。生まれるときに、頭蓋骨を重ねて、小さくして生まれてくるため、固まってはいません。そんな形を示し、「臼」のような象形文字が、「田」となりました。そんな生まれてくるときの、頭と「心」で、「思う」という言葉はできています。

きっと、今も、あなたがそれをやりたいと思うのは、大好きだと思うのは、あなたが、この世の中を創る大きな何かから思われた大切な願いや思いだからです。この世で果たすべきことがあるからです。だから、やらなければいけないのです。

不思議です。果たすとは思うの「田」から伸びて、根付いた、根っこを意しています。すると「果」たすことが、「実」って「果実」になるのです。実を結び、大切な種をこの世に残す意味があるということだと僕には思えてなりません。

5 あなたがこの世に生きることは

喜怒哀楽、どれも必要なことだね

この世界を創る、大きな何かから思われ、願われ誕生したあなただから、誰がなんと言おうと、素晴らしい、かけがえのない存在です。

今もあなたがそこにいるということは、その思われ、願われていることを実現しなくてはならないからです。

その道しるべも、羅針盤も、地図も、あなたの中に全てあります。

ただ、もしも、その地図を見ることができたとしても、その地図に書かれているのは、あなたが歩いてきた今日までの道しか描かれていません。残念ながら、この先の道はまだ記されてはいません。

その地図は大切なことを教えてくれます。

なぜなら、どこを、どう進もうが、歩もうが構わないということだからです。そして、自らの理由で、自由に歩いた全てが地図になることを教えてくれているのです。

いろんなことは起こります。悲しいことも、嬉しいことも、嫌われることも、腹が立つことだって。でも、その「喜怒哀楽」全ての日々は、大切なあなたの全てであり、その一つ一つは、その全部の一部でしかないのです。

「喜怒哀楽」という言葉の通り、喜怒哀楽どれも必要で、大切で、その全部で人生なんだよということです。

それは、晴れの日も、雨の日も、風の日も、雪の日も、曇りの日のどれも、全部、大切な人生の一部、一日ということです。

その向こうには、いつも、青空が広がってて、それは「空」であり、「宇宙（そら）」でもあります。

そうだから、そうなんです

願われて、思われて、生まれてきた僕たちは、今も、願われて、思われて、そんな「空」や「宇宙《そら》」から、ずっと見守られています。僕らが、時々、「空」を眺めるのは、「宇宙」に思い描くのは、そのためなのかもしれません。

そんな、「空」や「宇宙《そら》」は、いつも広がっていて、僕たちに、

「行け！　思うままに、大好きなことを、やりたいことをやるんだよ」

と、許可するために、許可できるために、「進めの青！」を合図として送ってくれているのではないでしょうか。

そんな素晴らしき存在として、「本来の素晴らしいワタシ」を生きるために、やることはただ一つ、大切なワタシに向かって、

「いいよ！」

と、許すことです。自分が自分になることであり、あり続けることです。

なぜかというと、本書で散々書いてきた通り、そうだからです。そうだから、そうなのです。素晴らしいあなただから、素晴らしいのです。素晴らしいあなただから、素晴らし

くなりたいのです。素晴らしいあなたとして思われているから、もう、素晴らしいあなた以外の何者でもないのです。

そんな素晴らしいワタシを、許すことで大きく育ててあげてください。そのことが、あなたが、大好きなことを、好奇心の示すまま生きることであり、大切な、役割を果たすことに、つながっていくのです。命を正しく使うことが、あなたの思われている、願われている、使命にたどり着く道なのです。

青い空に従って進もう！

僕は、今、不思議でなりません。なぜなら、教師として、教育者として、「許す」という、安全に失敗できる場所を耕し続け、今、また、こうして、そのことを届けています。

本書の最初に書いたように、ワタシを愛し、許す。そうすることが、許しあう世界につながり、この世界が、素晴らしい世界になって行く。それは、許し合える、安全に失敗することができる、挑戦できる世界になるということです。そして、そのことが、全ての人の、思われている、願われている、心に宿る、大切なこの世界での使命を遺憾無く生き抜くことにつながっていくのです。

この本を書くことになったのも、ありとあらゆる必然と偶然が織りなすことだったのかと思わされています。

思われている、願われていること、少しでも、これからも、僕の命を使って、使命というものに委ねてみたいと思います。

それはあなたも同じです。一緒に、この世を生きなさいと、「許可証」をいただいたのですから。

さぁ、空の青さに従って、進んでいきましょう！

空はいつも進めの青。いつだって、見えなくても、僕らの上に広がっています。僕らのためにつながっています。

素晴らしいワタシの方程式

素晴らしいワタシ＝今のワタシ－偽物のワタシ＋捨ててきたワタシ

これを素晴らしいワタシの方程式と呼んでいます。生まれてきたあの日は「素晴らしいワタシ＝今のワタシ」でした。今のワタシそのものが素晴らしい存在としてこの世に誕生しました。

ところが、いつからか、みんな「偽物のワタシ」を貼り付けることを頑張りました。それは、教科書によって、強化しようと、身に張り巡らせた、鎧や、手にした武器のようなものです。それがないと、愛してもらえない、認めてもらえないと信じ、付け足した、ワタシではない偽物のワタシです。つければつけるほど、その中に、「素晴らしいワタシ＝今のワタシ」が隠され、閉じ込められました。

また、みんな自分のダメなところを見つけては削り落とし、捨てようとしました。大事なワタシの一部分を捨ててきたのです。それが「捨ててきたワタシ」です。こんなワタシは嫌だと、切り取って捨ててきたんだけれど、今になってやっぱり大事なワタシの一部分だったと気がつきます。絵を描くことが好きなのに、下手だから書いてはいけない。小説を書きたいけれど、作文の点数が低かったから諦めなきゃいけない。おっちょこちょいですぐに人に迷惑をかけるからこのおっちょこちょいを手放さないといけない。もしも、サザエさんがおちょこちょいを手放したら、今頃、国民的アニメは存在していなかったでしょうね。それも愛されるワタシの大事な一部分なんです。

結局、足しては、引いて、引いては足して、アレヤコレヤやっているんですが、生まれてきて時の、何も足さない、何も引かない、そのまんまのワタシが素晴らしいワタシだったんです。

そのワタシを思いっきり、ごめんねって、ありがとうねって抱きしめてあげることが「素晴らしいワタシ＝今のワタシ」という本来の姿に戻ることなのです。

僕たちは生まれる前、空の上からのような場所から眺めていて、誰の元に生れようか、何をしに生れようかということを見ていると聞いたことがあります。そのような場所があるのなら今も、同じようにその場所から思いをかけ続けてもらっているのかもしれません。

僕らが、顔を上げて、空を見上げて元気になるのは、そのためかもしれませんね。今も、思われています。そして、僕らも今も思っているのです。

あとがき

あとがきって、後から書くから、あとがきって言うんだと思っています。でも、僕は、許可しました。先に「あとがき」を書くことを。

２０１９年11月５日、石川県輪島市にある「深見荘」という隠れ家的な素敵な場所で、みなっちという１００円の女さんと「夢叶う対談ＣＤ」というものを収録しました。

その時に、

「夢が見つけられない人はどうしたらいいんですか？」

という質問から、自分に「許可を出す」ということが大切なんだという話になりました。

そして、

「教科書ではなく許可証が必要なんだ」

という話になり、フカキヨの「許可証」を本にしてと言われたのが、本書を書くことの始まりとなりました。

実は、そのことがあったから、今、このあとがきを書いているのであり、間も無く、僕の頭の中にある「許可証」が頭の中から掻き出され、原稿に書き出されようとしています。

僕は、中学校の教師として20年間、教育現場で生きて来ました。その中で、数々の「許さない」「許せない」が飛び交う場面、法律、決まり、習わし、世の中、人間関係、等々、あげれば限りない様々なことに出会って来ました。

関西弁で言うなら、

「ええやん、いいやんか、そんなこと」

と思うことまで、どんどんどんどん事細かな、配慮、指導、気遣いなど、そういったものであふれかえっていきました。

「本当に必要なものはなんだろう?」

「大切なことはなんだろう?」

と、多くのことを考えたことを覚えています。

やがて、たどり着いた答えがこれでした。

一番大切なことは「教科書」には載っていない、書いていないということでした。

教師であるワタシ自身が、文部科学省の指導の下、出来上がった教科書にうんざりしてしまったのです。

そして、僕は自分自身が教師としてやってき中で、ある過ちを犯していたことに気がついたのです。とんでもない過ちでした。

それは、僕が、

「幸せな、素晴らしい生徒を育てよう」

としていたことでした。

「え？　書き間違いではないですか？」

と言う方もおられるかもしれませんが、間違いではありません。

とんでもない過ちだったのです。

生徒たちは、もうすでに「幸せで、素晴らしい存在」であるのに、僕が、

「この子たちを！　生徒たちを！　幸せにするぞ！　素晴らしい生徒にするぞ！」

と思った瞬間、目の前の生徒は一旦、

「幸せでない、素晴らしくない生徒」

ということになってしまっていたのです。

僕は、そのことに気づいた時から、

「どこにいても、幸せで、素晴らしく生きることのできる生徒を育てよう」

と決意しました。

すると、子供たちが、いかに「自分は『ダメだ』」と思い込んでいるかが、逆に浮かびあがってきたのです。

「あなたは、素晴らしいんだ！」

「幸せな存在なんだ！」

と、いくらあの手この手を使って気づかせても、最後は、自分自身がそのことを許可できない限り、子供たちは素晴らしいワタシとして生きることができないことに気がつきました。

「教科書」よりも「許可証」の重要性は、その当時からずーっと子供たちから、教師である僕に突きつけられたいたメッセージだったように思います。

ひょっとすると、あの当時、まだまだそのことを十分に伝えきれなかった、届けきれなかった自戒いっぱいのワタシへ、「許可証」を出すために、原稿に向かい合ったのかもしれません。

本来の素晴らしい、幸せなワタシに、誰もが「許可証」を手にして、再会してくれることを願ってこの本の筆をとります。

２０１９年11月

スターバックスにて

あとがきのあとがき

知らないからこそ、なんでもできてしまいます。あとがきのあとがきを書いてもいいのだろうか、そんなことが許されるのだろうかと思いながらも、自分の心にしたがって進めと、本書に書いた自らが率先して実践します。

不思議なご縁が繋がって、この本書をこうして届けることができています。あの時、みなっちとあの話をしなければ、あの時、書かなければ、あの時、あの人と出会っていなければ、あの時、出版したいと口にしていなければ…、こんなふうに半年間を少し振り返るだけでもたくさんの場面を思い出します。きっとその一つひとつでさえも、必然という名の必然と、偶然という名の必然が、全て、見事なまでに折り重なってきたのだと思います。「あの時があったから」は、こうして振り返ってみたときに、「あの時が、あっ宝!」と初めて気付くようになっているようです。

そして、この本の出版でさえも、また、これからの幸せの一部であり、人生のご縁であり、たくさんの宝に気付く一部分でしかないのだと思うと楽しみでなりません。

最後になりましたが、この本を出版するにあたり、ぱるす出版の梶原純司様、お世話になった方々、この本が世に出ることにお力添えいただいた多くの方々に心から感謝申し上げます。

２０２０年９月

「フカキヨ」こと深尾浄量

深尾　浄量（ふかお・きよとも）

1975 年、滋賀県生まれ。「フカキヨ」の愛称で知られる。中学校教師として 20 年間勤務の後退職。現在は講演の他、素晴らしいワタシであり続ける「B camp !」という毎月のセミナー、筆文字講師、作家など活動は多岐にわたる。著書に『わずか 6 ヶ月「がんばらなければ夢は叶う」セカフザ 180 日』（ゴマブックス）などがある。

フカキヨの
空はいつも進め！の青
～必要なのは教科書じゃない！　許可証だ～

令和２年11月16日　初版第１刷

著　者　　深　尾　浄　量
発行者　　梶　原　純　司
発行所　　ぱるす出版 株式会社
東京都文京区本郷2-25-14　第１ライトビル508　〒113-0033
電話（03）5577-6201（代表）　FAX（03）5577-6202
http://www.pulse-p.co.jp
E-mail　info@pulse-p.co.jp
本文デザイン　オフィスキュー／表紙カバーデザイン　㈱WADE

印刷・製本　平河工業社

ISBN 978-4-8276-0257-9　C0037